U0454200

GAIUS JULIUS
CAESAR

THE

CIVIL

by GAIUS JULIUS CAESAR

WAR 内战记

[古罗马] 盖乌斯·尤利乌斯·恺撒 著　李艳 译

中信出版集团　·　北京

目 录
CONTENTS

第一卷

战争开始

第1章 ·······························罗马的非难

（1）恺撒发出的急件【恺撒在信中提议他可以辞去统帅职务，条件是庞培也要这样做；他说，如果这一提议不被通过，那他就要被迫捍卫自己的权利和罗马共和国的权利。——译者注】送至诸位执政官手中，但也是在保民官强烈交涉后，他们才勉强同意在元老院宣读这封信。尽管这样做了，执政官们也没有同意就信的内容进行讨论，而是就"国家麻烦"展开泛泛的讨论。

这场讨论由执政官卢契乌斯·兰图鲁斯发言开始，他许诺，如果元老院诸位能勇敢、坚定地陈述自己的观点，他本人不会不履行自己对国家的责任；但如果他们还像以前那样，在这类场合考虑恺撒可能做出什么反应，并试图向恺撒献媚，他也准备为自己的前途打算，而不是一味地对元老院言听计从，他也有退路去讨好恺撒，跟恺撒交上朋友。西皮奥【指昆图斯·凯基利乌斯·墨特卢斯·皮乌斯·西皮奥，庞培的岳父。——译者注】也持同样态度。他说，庞培只要得到元老院的支持，就会担负起对国家的责任；但如果元老院现在犹豫不决，畏畏缩缩，以后想要获得庞培的帮助就不太可能了。

（2）元老院在罗马城召开这次会议之时，庞培就驻守在城外不远处。【法律规定，掌握统率权的地方总督必须待在罗马城外，希腊的历史家普鲁塔克称庞培当时在位于罗马城西北方的私宅里。——译者注】因此，西皮奥这些话就像庞培自己亲口说出的一样。

个别元老在讨论时比较温和地表达了自己的主张。首先，马库斯·马塞勒斯开始演说，大意是这一事件不该在此时拿到元老院讨论，而应该等到全意大利范围征兵结束、军队组建完毕再开始。因为有了军队的保护，元老院才敢按自己的意愿通过法令。马库斯·卡利狄乌斯强烈要求庞培动身回到自己的行省，认为这样就不会有发动战争的理由。他认为，庞培强占了恺撒的两个军团，并将军团驻扎在罗马城附近，恺撒有理由认为庞培这样做的目的就是要跟他过不去。马库斯·鲁弗斯实际上也表达了相同的意思。

执政官卢契乌斯·兰图鲁斯接过所有人的话，并针对这些话给出尖锐的回答。他断然拒绝卡利狄乌斯的提议，而他的非难也吓得马塞勒斯放弃了自己的提议。就这样，执政官激愤的指责，军队近在咫尺的威胁，再加上庞培党朋的恐吓，元老院大多数成员心不甘情不愿地同意了西皮奥的提议。该提议规定：恺撒应该在指定的某一天之前解散军队；如果他不服从，就会被视为在策划叛国。保民官马克·安东尼和昆塔斯·卡西乌斯当时做出否决。会议马上就这项否决提议展开了争论。会上提出应对恺撒采取严酷措施的提议倒是得到了支持。发言者越是态度凶狠、报复心强烈，就越能得到恺撒这些政敌的欢呼与喝彩。

（3）天快黑时元老院才散会，庞培将会议所有成员召出城。对支持他的人，庞培予以表扬，并鼓励他们一直这样下去；对追随态度不积极的人，他加以斥责，并希望他们以后做得好一些。庞培旧部很多已经解甲归田的老兵为了得到赏金或是升迁，又从家乡应召入伍，很多士兵原本属于庞培从恺撒那儿接手的那两个军团。一时间，通往城中心的道路以及户外集会场上都挤满了保民官、百夫长和应召老兵。执政官的党朋、庞培的拥护者以及那些对恺撒心怀宿怨的人都涌进了元老院。他们人数之多、造成的骚乱之大，吓坏了胆小者，坚定了动摇者，夺走了多数人自由决定的权利。于是，监察官卢契乌斯·皮索和司法官卢契乌斯·罗斯基乌斯向元老院承诺到恺撒那里去，通知恺撒这里发生的事，并要求给他们六天时间完成这项使命。有些人进一步建议，应该派出使者团前往恺撒那里，将元老院的态度告诉他。

（4）所有这些建议都遭到会议拒绝，并遭到兰图鲁斯、西皮奥和加图的驳斥。加图是恺撒的宿敌，而且选举失利也一直让他如鲠在喉。驱使执政官兰图鲁斯这样做的原因有三：一是他背负庞大的债务；二是他有望获得一支军队和一个行省；三是承认那些土著统治者的头衔，可以从他们那里收受贿赂。他向朋友吹嘘，说自己会成为第二个苏拉，并获得全国最高统治权。西皮奥同样希望统治一个行省和军队，而且由于他和庞培有姻亲关系【庞培曾娶过恺撒的女儿尤里娅，她死于公元前54年。第二年，庞培拒绝恺撒将其侄孙女奥克塔维亚嫁给他的提议，而是娶了西皮奥的女儿——克拉苏儿子的遗孀科涅尼娅。——译者注】，所以希望和庞培共享军权。此外，他敬畏法庭，易受到那些拥有政治及法庭势力者的影响，而且他和那些人都爱显摆。

至于庞培，他不愿意任何人与自己平起平坐。庞培因为听从恺撒政敌的话，完全断绝了与恺撒的友好联系，反而跟二人曾经的共同敌人和解，其中很多敌人还是二人协议联姻时他给恺撒招来的。而且，他从派往亚洲和叙利亚的远征军中强占了恺撒的两个军团，以增强自己的兵力并推进自己的独裁。但这一行为败坏了他的名声，他为此一直焦虑不安。因此，庞培急于挑起一场战争。

（5）每件事都是在匆忙和混乱中完成的。会议既不给恺撒的朋友时间告知恺撒这些事，也不给保民官机会以抗议自身所受的威胁，甚至连苏拉曾留给保民官最基本的否决权也遭到剥夺。尽管在过去，那些出了名不守规矩的保民官惯于在任期结束前几个月就急匆匆地预测将要发生的事情，可是眼下，会议只给他们六天时间去谋求自身安全的保障。

元老院已经动用《紧急戒严法》。以前，除非都城濒临毁灭边缘，或是人人都认为在肆无忌惮的立法者手中国家必将遭到毁灭，元老院不会动用该法令。该法令指示："执政官、司法官、保民官以及都城附近的地方总督要采取措施，确保国家不受任何损害。"颁布该法令的时间是 1 月 7 日。换言之，不把选举那两天计算在内，兰图鲁斯就职担任执政官的前五天，他刚刚可以召集元老院开会，就开会通过了针对恺撒军团、针对那些声名显赫的官员以及保民官的最严厉、最恶劣的决议。那些保民官立刻逃出罗马城投奔恺撒。当时，恺撒还在拉文纳等待元老院会议对他那项非常温和的提议做出答复，并希望正义感能够让他们和平解决问题。

（6）接下来的几天，元老院在都城外集会，庞培坚持他通过西皮奥之口说出的策略。他赞扬了元老院的勇气和坚定，也展示了自己的兵力，宣布已有10个军团做好了准备【据推测，10个军团中，两个是从恺撒那里得来的，七个在西班牙，还有一个是多米提乌斯指挥的。——译者注】。庞培还声称，据可靠消息，恺撒的士兵对恺撒心怀不满，很多士兵不愿意再继续保卫恺撒、追随恺撒。元老院决定在全意大利范围内征兵，并从国库拨款给庞培。元老院还提出授予尤巴国王【尤巴，非洲努米底亚的国王。——编者注】"联盟和友人"的称号，但遭到马塞勒斯的反对。另一项提议要求马上派福斯图斯·苏拉前往毛里塔尼亚，但遭到保民官菲利普斯的否决。

至于其他一些事情，都有元老院通过法令的记录。比如将行省授予个人，其中两名官员是执政官一级，剩下的都是司法官一级。叙利亚分给了西皮奥，高卢分给了卢契乌斯·多米提乌斯。而根据私下协议，菲利普斯和科塔被排除在外，甚至都没为他们安排抽签。司法官们被派往其他各行省。这些行省长官没有等到将任命提交给人民获得正式批准就披上帅服，如常进行宣誓，然后动身出发了。他们离开都城之前，竟然让自己的随从披上帅服，在都城和朱庇特神殿四处走动。这在以前从未发生过，与所有古制背道而驰。全意大利都在征兵，都在征集武器，向意大利各城镇强索金钱，甚至到各神殿去抢。不管是神的权利还是人的权利，统统一团糟。

（**7**）这些事传至恺撒耳中，他便召集士兵发表讲话，详述敌人对他做出的种种不义行为。

他申明："元老院满怀嫉妒地贬低我的功绩，已经哄骗庞培上当，让他误入歧途。然而，一直以来，我都在支持庞培，帮他提升职位、赢得名誉。政府已经开了先例，在几年前用武力恢复了保民官的否决权，而现在又用武力进行压制和破坏。苏拉尽管剥夺了保民官手中各种优先投票权，但依然保留了他们自由行使否决的权力。庞培宣称他恢复了保民官曾经失去的权力，然而事实上他却剥夺了保民官先前曾经拥有的其他权力。以前，只有在制定具有巨大破坏性的法规、保民官残暴胡为、人民发生暴动、神殿和指挥全城的高地被占领的情况下才会通过法令，号召执政官行动起来，拯救国家免受伤害。一旦法令通过，元老院就会号召全罗马人民武装起来。过去的这些先例，是以萨图尼努斯和格拉古兄弟二人的死亡为代价换来的。但目前这样的事情并未发生，甚至没有人想到过发动这类事情，因此没有提议通过任何法令，没有人向人民发出任何呼吁，也没有发生任何暴动。我已经担任了九年指挥官，在我的领导下，你们赢得了无数的战斗，平定了整个高卢，为国做出了贡献，为个人赢得了好运。现在，我请求你们守护我的名声，抵抗我的敌人的攻击。"

当时第十三军团的士兵齐声大喊，他们已经做好准备，要为他们的统帅及保民官受到的不公正待遇伸张正义。有了他们的支持做保证，恺撒率领他们前往阿里弥努姆，并命令其余军团离开各自的冬季驻扎营，跟他一道前行。【这里的时间顺序非常模糊，可能是恺撒有意为之。事实上，恺撒应该是在三周前正式和元老院撕破脸时，就从比利时高卢的冬营地及埃杜维属地召回了余下的军团。他这样写或许是为了表明自己是被迫诉诸武力的，并非早有预谋。——译者注】

（8）在阿里弥努姆，恺撒遇到了逃来投奔他的各位保民官，还有年轻的卢契乌斯·恺撒，这位年轻人的父亲是恺撒军中的一员副将。卢契乌斯说他带来了庞培的口信，内容涉及庞培和恺撒的私人关系。庞培希望向恺撒澄清自己的意思，请求恺撒不要把他为了国家利益所做的事情当成是对恺撒个人的侮辱，因为他一直都把国家利益放在私人友谊之前；而恺撒要做到与自己职位相称，就应该为了国家利益，把个人理想和委屈放下，而不应该在满腔怒火地拼命伤害对手时，也做出损害国家的事情。卢契乌斯还另外加了几句类似的话，无非是为庞培的行为找借口。与他同行的司法官罗斯基乌斯也多多少少说了些相同的话，恳求恺撒谅解，并表明他这些话是直接引用庞培的原话。

（9）所有这些话语，都没有明确表示要采取什么行动弥补对恺撒的不公正待遇。不过，恺撒却找到了合适的人，帮助自己把想说的话转达给庞培。恺撒对这两个人说，既然他们带来了庞培的口信，希望他们也不会拒绝把自己的条件转告庞培。

他说："只需付出很少努力，你们就可以结束这场严重纷争，将整个意大利从提心吊胆的状态中解放出来。一直以来，我最看重的是声誉，甚至把它看得比生命本身还重要。罗马人民授予我的声誉被我的对手无礼破坏，我担任半年的职务遭到剥夺，而且人民大会原本已经同意，我可以以缺席身份参加下次选举，但他们还要把我逼回罗马都城参选，这些都让我非常难过。然而，为了国家，我痛痛快快地接受自己权益丧失的事实。我甚至写信给元老院，建议大家一起遣散军队，然而，这个建议却没有得到批准。全意大利都在征兵，以帕提亚战争为借口从我手中夺走的那两个军团也都被截留下来，整个国家都已经全副武装起来。所有这些准备行动，目的除了毁灭我，还有别的吗？但是，为了罗马，我还是愿意服从，愿意忍受这一切。我的条件是：庞培必须回到自己的行省去，我们双方都解散自己的军队，意大利要遣散所有士兵，终止恐怖政权，实行自由选举，元老院和罗马人都要完全对政府负责。为了便于实现这些条件，并得到誓言保证，我建议，要么庞培来我这儿商谈，要么我去他那儿会谈。经过讨论商量，我们就能解决所有纷争。"

（10）罗斯基乌斯接受了转达恺撒口信的任务，和小卢契乌斯来到卡普亚。在这里，他们见到了庞培和各位执政官，汇报了恺撒的要求。经过讨论，他们就这些要求给出书面答复，仍然让这两人送回去。书面答复的内容大意是：恺撒必须离开阿里弥努姆，返回高卢，并且解散自己的军队。如果他做到这些，庞培就返回西班牙行省。同时，他们只有收到恺撒愿意履行自己诺言的保证，那些执政官和庞培才会停止征兵。

（11）这些要求很不公平。庞培要求恺撒离开阿里弥努姆，返回自己的行省去，而他自己却保留自己的行省，还要霸占他人的军团；庞培一边要求恺撒解散军队，一边自己还在征兵；庞培虽说许诺返回自己的行省，却没有说他在什么时间履行诺言，这样一来，即使到恺撒执政期满他还没有动身，也不能认为他违背了誓言。而且，他既没有提供开会的机会，也没有承诺和恺撒会面，这些事实让和平的希望完全破灭了。恺撒于是派出马克·安东尼带领五个军团从阿里弥努姆出发前往阿雷提乌姆，他自己则统领两个步兵大队原地不动，开始就地征兵，还分别派遣一个步兵大队占领了皮绍鲁姆、法努姆和安科纳。

（12）同时，有消息传来，说司法官特尔穆斯带领五个步兵大队守住伊古维乌姆，正在该城修筑防御工事。然而该城的居民却都是恺撒强有力的支持者，于是恺撒就派库里奥带领他曾派至皮绍鲁姆和阿里弥努姆的三个步兵大队赶去该城。一听说库里奥要来，特尔穆斯不敢信赖城民，赶紧带领自己的步兵大队逃走了。逃跑途中，手下士兵纷纷抛弃他各自返回家乡。在全城人充满善意的氛围中，库里奥接管了伊古维乌姆。得知此事，恺撒觉得自己可以依赖这些意大利城镇居民，就把第十三军团各步兵大队调出驻防区，向奥克西姆镇进发。当时这个镇由阿提库斯·瓦鲁斯安置的几个步兵大队把守，瓦鲁斯还派出地方元老在皮克努姆四处奔走，征集士兵。

（13）当镇政会的元老听到恺撒要来的消息，他们全部赶到瓦鲁斯那儿说，虽然他们对此事没有决定权，但是他们和本镇的城民们都不会允许把恺撒这样一个手握军权、对国家有功、有许多辉煌成就的统帅挡在城外。他们告诫瓦鲁斯想想将来，想想自己的危险处境。这一席话使瓦鲁斯忧心忡忡，他撤出先前安置在城里的驻军逃走了。恺撒先头部队的一个小分队前去追捕，迫使他停下。他的部下象征性地抵抗了一下就抛弃了他：多数士兵回家了，剩下的投奔了恺撒。他们还拘押了总百夫长卢契乌斯·普皮乌斯同行，这人先前是在庞培的部队里，也有相同的军衔。恺撒赞扬了瓦鲁斯的士兵，却把普皮乌斯放了。恺撒对奥克西姆人表示感谢，承诺会将他们做出的贡献铭记在心。

（**14**）这些消息在罗马引起极大的恐慌。当时执政官兰图鲁斯正按照元老院的决议去开启财库，把给庞培的钱取出来。他刚刚打开财库的门，一听到消息就立马逃离了罗马城，因为有传闻说恺撒就在路上，随时可能到达都城。这都是些虚假的警报。尽管如此，马塞勒斯跟着同僚兰图鲁斯一起逃走了，同行的还有大部分行政官员。庞培已经早一天离开罗马，前往从恺撒手里夺来的那两个军团的驻地，这两个军团驻扎在阿普利亚。罗马周边的征兵工作也暂时中断，因为他们都觉得罗马和卡普亚地区的民众不能让人信赖。卡普亚的人们先是壮起胆子聚在一起，他们开始招募根据《尤利乌斯法案》定居在此的退伍老兵。在这里，恺撒有一个训练角斗士的学校。兰图鲁斯把这些角斗士带到市场，承诺给予他们自由，分给他们马匹，命令他们跟他走。后来，兰图鲁斯的同伙有人劝他说，他的行为已招致普遍的不满，于是他就把这些人妥善安置到坎帕尼亚区的奴隶当中。

（**15**）恺撒离开奥克西姆，匆匆经过皮克努姆地区。该地区所有地方辖区【指没有独立地方自治地位的市镇，由地方行政长官以罗马的名义行使治理权。——译者注】都热烈欢迎他的到来，并为他的军队提供各种物资。有个代表团甚至从金古卢姆赶来，承诺将以无限的热情执行恺撒可能下达的命令。这个镇当初是由拉比耶努斯创立并出钱建设起来的。恺撒向他们征集士兵，他们就送来了。与此同时，第十二军团追上了恺撒。恺撒就率领这个军团及身边原有的军团前往阿斯库鲁姆，那里驻守着兰图鲁斯·斯平特尔统率的10个步兵大队。

听到恺撒要来的消息，兰图鲁斯抛弃了镇子，打算把步兵大队带走，但多数士兵开了小差。他被丢弃在路上，随行的只有少数手下。庞培为了安定皮克努姆的民心，确保该地对他的忠诚，派出维布利乌斯·鲁弗斯赶赴该地。兰图鲁斯在逃跑途中刚好遇见了维布利乌斯。维布利乌斯从兰图鲁斯口中听说了皮克努姆发生的事，就接管了他的士兵，并把他打发走了。然后，维布利乌斯继续从庞培新招募的士兵中尽量拼集了几个步兵大队，加上他截获从卡莫里努姆逃出、由卢契乌斯·希鲁斯带领的6个步兵大队，总共拼成了13个步兵大队。维布利乌斯带领着这些步兵大队赶到驻守在科菲纽姆的多米提乌斯·阿赫诺巴布斯那里，向他报告说恺撒正带着两个军团赶来。多米提乌斯当时已经从阿尔巴地区、马尔西人和佩利尼人那儿以及周边地区征集了大约20个步兵大队。

（**16**）恺撒接受了菲尔穆姆的投降，并颁布命令，寻找那些在兰图鲁斯遭到驱逐后弃他而去的士兵，同时还要征收新兵。他自己原地停留一天，收集军粮供应，然后匆匆赶往科菲纽姆。一到那儿，他便发现多米提乌斯从城里派出五个步兵大队，正在拆除离城约 3 英里【1 英里 ≈ 1.61 千米。——编者注】处一条河上的桥。多米提乌斯的手下和恺撒的先遣士兵发生遭遇战，不久就在桥边被击退，撤回城里。恺撒带领自己的军团从桥上过了河，直抵城下，在离城墙不远处扎下营寨。

（**17**）知道此事后，多米提乌斯许以重金，成功地找到熟悉阿普利亚地形的人。他派这些熟悉地形的人给庞培送去急件，恳求庞培前来救援。他报告说，由于这里特殊的地形，两个军团就能将恺撒包围，并切断军粮供应。他还提醒道，如果庞培不来救他，那么他本人、30多个步兵大队、大批罗马骑兵和元老们都会陷入危险境地。在等待答复的同时，他向自己的士兵发表了鼓舞人心的演说，在城墙上密集布置守城器械，并给手下士兵分配具体职责，以保卫这座城镇。在一次对士兵的讲话中，他承诺拿出自己的产田分给他们，平均每人分得 25英亩【1 英亩 ≈ 4 046.86 平方米。——编者注】，百夫长和超期服役的老兵分到的田地将相应增加。

（18）同时，有人向恺撒报告，距离科菲纽姆 7 英里有个苏尔摩镇，那里的人民愿意支持恺撒，但是遭到元老昆塔斯·鲁莱克修和一个名叫阿提库斯的佩利尼安人的阻拦，这两人带领七个步兵大队驻守在该镇。恺撒马上派马克·安东尼带领第十三军团的五个步兵大队赶往那里。苏尔摩镇人一看到恺撒大军的旗帜，马上打开城门，不论士兵还是市民，所有人都欢天喜地地出来迎接安东尼。鲁莱克修和阿提库斯想翻越城墙逃走，但阿提库斯被捉住带到安东尼那里，他自己要求面见恺撒。安东尼到达苏尔摩镇的当天，就带着所有步兵大队和阿提库斯返回恺撒处。恺撒将那些步兵大队并入自己的军团，将阿提库斯毫发无损地释放。接下来那几天，恺撒一边等待手下的其他军团前来会合，一边开始在驻地周围修筑大型防御工事，并从邻近各城镇尽量收贮军备物资。三天后，第八军团抵达，同行的还有从高卢新征集的 22 个步兵大队和诺里库姆国王派来的大约 300 名骑兵。他们到达后，恺撒就在该城另一边再建一座营地，由库里奥负责统领。随后的日子里，恺撒开始修建土垒和壁垒包围该城。在这项工程修建得差不多的时候，多米提乌斯派去给庞培送信的使者们回来了。

（19）看了回信，多米提乌斯与军官们商讨后，决定隐瞒信的内容，宣称庞培马上就要前来救援。他鼓励士兵们振作起来，做好守城防御可能需要的一切必要准备，他自己却和几个亲信秘密谋划，想设法逃跑。然而，多米提乌斯的实际表现和他说的话不符，事实上，与平时比起来，他的一举一动都显出焦虑和惊惶。而且，与平时习惯相反，他花了大量时间和自己的亲信私下商谈，却回避和手下官员举行会议，也不与军队集会。这样一来，事实真相再也无法隐瞒了。其实，庞培在回信中说，他绝不愿让自己的事业毁于一旦。多米提乌斯当时进驻科菲纽姆没有征求他的意见，也没有征得他的同意。因此，如果能有机会，多米提乌斯最好立刻带上他所有兵力加入庞培的阵营。不过，随着恺撒围城工事日渐修筑完善，这事已经无法实现了。

（20）当多米提乌斯的谋划四下传开后，科菲纽姆的士兵一大早就聚在一起，由一众保民官、百夫长以及士兵阶层里比较有威望的人带领着，开始讨论目前的情况。他们被恺撒包围，围城工事即将竣工。他们曾坚定不移地支持指挥官多米提乌斯，因为他们信任他，可现在，多米提乌斯却密谋抛弃所有人，自己逃走。看来他们最好的出路只能是自己为自己做打算了。最开始，马尔西人还不知道多米提乌斯的出逃计划，不赞成这种观点，因为他们占据的防御工事是看来最牢固的那部分。两派分歧越来越大，以致差点儿动用武力。后来，双方互派信使传递消息，马尔西人知道了事实真相，于是，全军一致同意将多米提乌斯揪出来，并让人看住他。随后，他们从自己的队伍中选出使团去见恺撒，说他们愿意打开城门，听从他的号令，并把多米提乌斯交到恺撒手里。

（21）恺撒十分清楚，能尽早占领这个镇并将镇子里的步兵大队收编进自己的军队里，是十分重要的事情，而且一定要快，否则产生行贿行为或流言蜚语，或者敌方士兵恢复了勇气，都会让人们改变主意。他知道，在战争中，被人忽视的小事却往往能扭转局面，引发重大变故。不过，他又担心自己的军队在入城时，黑夜催生放纵心理，从而导致他们动手抢劫。因此，在收到消息后，他就命令那些送信人立即回城，同时命令他们小心守护城墙和城门。他自己将手下安置在部分修筑的土垒周围，不过不像前些天那样，彼此之间相隔一定的距离，而是安排长长的一排岗哨和警戒哨，彼此保持在能互相触及的距离内，覆盖整个防御工事。恺撒派出行政长官和军事保民官【此处的行政长官指的是骑兵军官，军事保民官指的是军团军官。每个军团设置六个军事保民官，他们通常在进入元老院前担任这一职位。——译者注】在警戒哨周边巡逻，命令他们不光要防备城里的突然突围，还要注意某些人单独从城里偷偷溜出。那晚，恺撒的军队中没有一个人消极懒惰，他们都期待事情的最终结果，每个人都在想着自己关心的问题：科菲纽姆人民将遭遇什么？多米提乌斯会发生什么事？兰图鲁斯又会怎样？剩下的人呢？每个人在战场上都将遭遇什么？

（22）黎明将至，兰图鲁斯·斯宾赛尔站在城墙上向我方站岗的士兵喊话，说他愿意和恺撒面谈。获得同意后，他被送出城外，不过多米提乌斯的士兵一直把他带到恺撒面前，才离开他身边。他恳求恺撒饶自己一命，不仅请求恺撒宽恕，还向恺撒提及他们的旧时情谊，历数恺撒给予他的所有恩惠：正是因为恺撒的帮助，他才能进入大祭司团【大祭司团由当时的大祭司或罗马祭司长（恺撒担任）和其他15人组成。在公元前1世纪，祭司是通过指派和选举相结合产生的，2个候选人由大祭司团提名，35个罗马部落中的17个对其进行表决，然后抽签选出。——译者注】，在司法官任期结束后出任西班牙行省长官；在竞选执政官时，他也得到了恺撒的帮助。

恺撒打断他的话，说道："我离开自己的行省，没有伤害任何人的意图。我只想保护自己免遭敌人的诋毁中伤，只想恢复那些因为我的事务受牵连而遭到驱逐的平民保民官的合法地位，只想为自己和罗马人民赢得独立，不再受那个小集团的统治。"这番谈话让兰图鲁斯放下心来，他要求恺撒允许自己回城。他说："我已经求得性命安全，这会给其他人带去极大的宽慰和希望。城里有些人已经惊慌失措，在想着用暴力解决问题。"他得到批准回城去了。

（**23**）拂晓时分，恺撒命令将所有罗马元老和他们的家人、军事保民官以及骑士都带到自己面前。一共有五个元老，包括卢契乌斯·多米提乌斯、帕布利乌斯·兰图鲁斯·斯宾赛尔、卢契乌斯·凯基利乌斯·卢弗斯、财务官塞克斯都·克文提里乌斯·瓦鲁斯和卢契乌斯·鲁希里乌斯。另外还有多米提乌斯的儿子和其他几个年轻人，以及很多罗马骑士和地方议会长老，他们都是多米提乌斯从当地各城镇召集的。这些人被带到恺撒面前时，恺撒阻止手下士兵侮辱和嘲笑他们。恺撒只简单说了几句话，说自己曾给予他们那么大的恩惠，他们却没有任何感激之情，然后就把他们都放了。科菲纽姆的地方官给恺撒送来 600 万塞斯特斯，这笔钱是当时多米提乌斯带来放在他们国库里的。尽管恺撒很清楚这笔钱是国家公帑，是庞培拨的军饷，但他还是将其还给了多米提乌斯，表明他既不夺人性命，也不渴望钱财。恺撒命令多米提乌斯的士兵对自己宣誓效忠。当天，他拔营行军一整天，途经马鲁奇尼人、佛伦塔尼人和拉里那特斯人的属地，抵达阿普利亚。

第4章 ························· 庞培离开意大利

（**24**）得知科菲纽姆发生的事，庞培马上离开鲁西里亚，先赶往卡努西乌姆，又从那儿赶到布隆迪西乌姆。他命令所有新近征募的士兵都到那里集结，他给奴隶和牧羊人配备武器，发放马匹，凑了大约300名骑兵。司法官卢契乌斯·曼利乌斯带着6支步兵大队逃离阿尔巴【这里是指罗马附近的古拉丁市镇阿尔巴隆伽，第15节提到的阿尔巴则是指科菲纽姆附近孚基努斯湖边的阿尔巴福伦金那。——译者注】，另一个司法官鲁提利乌斯·卢普斯也带着3支步兵大队逃离塔拉基那。然而，他们的士兵隔着老远看到了维比乌斯·库里乌斯率领的恺撒骑兵，就抛弃了各自的司法官，临阵倒戈，向库里乌斯举旗投降。同样，在继续前进的路上，有些步兵大队遇到了恺撒的步兵纵队，有些遇到了库里乌斯的骑兵，都跟随他们走了。庞培的工程总长、克雷莫纳人努莫里乌斯·马吉乌斯在逃跑途中被抓并送至恺撒处。恺撒让他去给庞培带个口信。恺撒说，既然到现在都没会谈的机会，他将亲自赶往布隆迪西乌姆。他觉得如果能和庞培谈一谈，这不仅关乎国家利益，也关系着举国安宁。他们相隔很远，靠中间人传递提议得不出任何结果，倒不如面对面彻底讨论一番，自然会有结果出来。

（25）送出这个口信后，恺撒就率领六个军团向布隆迪西乌姆进发。这六个军团里有三个是精锐之师，其他三个则是他从新近招募的士兵中抽人组建的，并在行军途中按建制要求不断补足人数。多米提乌斯的那些步兵大队已经被他直接从科菲纽姆派到西西里去了。恺撒发现执政官们已经带着大部分军队离开，赶往迪拉基乌姆去了，但庞培带领 20 支步兵大队，仍留在布隆迪西乌姆。庞培不走，究竟是为了固守布隆迪西乌姆，以便更容易地控制包括意大利最北端及希腊沿岸在内的整个亚得里亚海域，可以从海的两面进行作战，还是由于缺少运输船只而耽搁在那里，恺撒不得而知。不过，恺撒唯恐庞培决定不离开意大利，便决定封锁布隆迪西乌姆港口。他命令在港口入口处最窄的地方，两岸都建起一道巨大的泥土防波堤。那里海水本来很浅，但随着堤坝往海里延伸，海水越来越深，当海水深到土堤坝无法再延伸时，他就在两边堤坝末端各接上一块 30 平方英尺【1 平方英尺 = 0.093 平方米。——编者注】大小的浮板，并将两块浮板的四个角各用一个锚固定起来，以免它们被波浪冲走。做好这一切，他又在两块浮板外侧联结多块同样大小的浮板，用泥土筑上围堤，以免士兵实施防卫在上面奔走时遇到任何障碍。在浮板正面和两边，他都建起警戒幕墙和活动掩体加以防护，而且每隔三块浮板就建一座两层高的塔楼，以便防御海上攻击或是纵火破坏。

（26）为对抗这些工事，庞培将他在布隆迪西乌姆港口强行征用的大型商船装备起来，在船上建起三层高的塔楼，并配备各种弹道发射器和投掷物，然后开到恺撒的防御工事那里，企图冲破浮板、破坏包围工事。他们就这样每天不停地用弓箭和投掷物进行远距离的战斗。恺撒仍抱着和平解决的希望。尽管他派去给庞培送信的马吉乌斯没有被对方送回，让他倍感意外，而且他一直坚持设法开展谈判，确实阻止了他快速执行作战计划，但他觉得自己应该尽己所能，坚持这种希望。因此，他派出自己的副将卡尼尼乌斯·雷比卢斯去跟斯克里博尼乌斯·利博会谈，他们俩是关系很密切的朋友。恺撒指示他敦促利博尽力促成和平，特别是要利博亲自跟庞培谈。【内战开始时，利博率兵守卫厄特鲁利亚，当时已被迫退至布隆迪西乌姆，因他是庞培之子赛克斯图斯·庞培的岳父，所以有当面向庞培进言的机会。——译者注】恺撒坚信，如果利博设法见到庞培，双方很可能会在公正的条件下放下武器。而且，如果和平是通过利博推动和努力达成的，那么很大一部分荣誉都将归利博所有。利博结束和卡尼尼乌斯的会谈后就赶去见庞培，不久就带回答复，说是由于执政官们都不在，无法就解决办法达成任何协议。就此，恺撒终于决定放弃这些屡试屡败的努力，正式发动战争。

（27）恺撒花了九天时间完成了包围工事的一半。这时，执政官们派出运送第一部分军队到迪拉基乌姆去的船只回到了布隆迪西乌姆。庞培可能因为对恺撒修建的工事感到惊惶不安，也可能一直就有逃离意大利的打算，所以他见船只回来，马上着手准备离去。为了抵挡恺撒的袭击，阻止恺撒的军队在他撤退的时候冲进城，庞培把各道城门都堵住，在所有街道设置路障，穿过道路挖壕沟，并在壕沟中投下尖尖的木桩，再在上面铺上一层柳条和泥土，让表面平整。他还在城墙外两条通往海港的道路旁插上尖木柱围栏，以便阻挠恺撒的军队追击。做好所有这些准备工作，庞培从自己手下老兵中挑选了一小队弓弩手和投石手，命令他们轻装行军，沿城墙每隔一定距离就布置几个人，塔楼上也如此，而剩下的军队奉命悄悄登船。他计划让所有军队都登上船，然后发出约定信号，将这些担任掩护任务的卫兵接走，还挑了一个比较便利的地方留下几艘速度快的船来接他们。

（**28**）布隆迪西乌姆人民对庞培士兵的骚扰与庞培本人对他们的侮辱行为早已深恶痛绝，他们都支持恺撒。于是，当获悉庞培打算逃离，其手下在来回奔走，一心做着登船准备时，他们便爬上屋顶，打手势告诉恺撒这个消息。恺撒命令准备好云梯，军队准备战斗。夜幕降临，庞培解缆放船。城墙上的守卫接到事先约定的信号，匆匆沿着做好标记的小路赶过去。恺撒的士兵竖起云梯，爬上城墙，但城民们警告他们小心壕沟和隐藏的尖木桩，他们只得停下，由城民引导，绕了很大一个圈子才到达港口。恺撒的士兵驾小帆船和小艇，追上了庞培两艘撞上防波堤的军船，船上士兵全部被俘获。

（**29**）恺撒觉得解决问题的最好方法就是集合 1 支舰队，赶在庞培联合海外联盟军队增强兵力之前渡海追捕他。不过，他又担心这样做要耽搁很久，因为庞培将所有能用的船只都搜刮走了，导致他不可能立刻出发去追。唯一的选择就是等待从高卢、皮克努姆和西西里海峡等比较远的地方开来的船只。但这样做也是遥遥无期，仅是碰运气而已。同时，他也不想让庞培那支刚建成的军队和两个西班牙行省【庞培在镇压赛托里乌斯的战争之后，曾授予西班牙许多贵族罗马公民权，这些人因而成为他的门客，对他有一定义务。此外，自公元前 54 年起，庞培开始担任西班牙行省代执政官，并任命副将代他掌管军政大权。经过这些年的经营，他已经在西班牙两个行省拥有很大势力，所以当时在罗马的很多人都以为他会撤退到西班牙去，西塞罗也如此推测。不过，庞培最终撤到了东方。——译者注】对庞培更忠诚，其中一个西班牙行省还受到庞培巨大的恩惠。他更不想让庞培趁自己不在时，筹集备用军和骑兵对意大利和高卢实施抢掠。

第5章 ·························· 恺撒在元老院

（**30**）因此，恺撒放弃当即追赶庞培的计划，决定赶去西班牙。他一面命令意大利所有城镇的最高行政官征集船只送到布隆迪西乌姆，一面派出副将瓦勒里乌斯带领一个军团赶去撒丁尼亚，又派库里奥带领两个军团在拿下西西里后马上赶去阿非利加。当时主管撒丁尼亚行省的是马库斯·科塔，主管西西里行省的是马库斯·加图，而根据抽签，阿非利加应该归图贝罗掌管。当撒丁尼亚的卡拉利斯人一听说瓦勒里乌斯要被派往他们那里，尽管瓦勒里乌斯当时还没从意大利出发，他们也自发地将科塔赶出城去。科塔意识到整个行省想法一致，仓皇失措地迅速从撒丁尼亚逃往阿非利加。在西西里，加图投入极大的精力，不仅让人修理旧船只，而且命令各城镇提供新船只。他派出自己的副将去卢卡尼亚和布鲁提姆，在罗马公民中征募士兵，试图在西西里各市镇征集若干骑兵大队和步兵大队。这些准备工作即将完成时，他听说库里奥就快到达当地。于是，加图发表公开谈话，抱怨庞培已经抛弃和背叛了自己，庞培根本什么都没准备好，就贸然发动了一场不必要的战争。而当时在元老院面对自己和其他元老的质疑时，庞培却宣称他已经完全做好准备，随时可以开战。加图做出这番抗议后，便逃离西西里行省。

（**31**）瓦勒里乌斯和库里奥趁机得到这两个没有了统帅的行省，

带着自己的军队按恺撒原定计划进发。图贝罗到达阿非利加时，发现阿提库斯·瓦鲁斯正负责掌管那里。我们在前面提到过，阿提库斯在奥克西穆姆丢了自己的步兵大队，继续逃跑，直接逃到阿非利加。他发现这里没有行政长官掌管，便自行控制了这个行省，并就地征兵组成两个军团。他之所以可以开展这项工作，源于他几年前司法官任期结束后，曾担任过该省的行政长官，所以熟悉这里的人事和环境，而且有治理该省的经验。当图贝罗率领自己的船只来到乌提卡，阿提库斯拒绝让他进入港口和市镇，不但不让图贝罗当时正患病的儿子上岸，反而强迫他们起锚离开此地。

（**32**）恺撒做好战略部署后，将士兵们分散在周边市镇，剩下的时间用来休整，而他自己则赶到罗马。恺撒召集元老院，详细讲述了对手们曾对他做出的不义行为。他声称自己没有企图拥有非分的权益，甘愿等待执政官任期结束，他感到满足的是拥有所有公民享有的权利。曾有 10 个保民官提出申请，允许他可以不在场参加竞选，尽管他的对手反对，特别是加图极为强烈地反对，使用旧招数把争论拖延好多天，但该提议最终获得通过。恺撒说："那时【指公元前 52 年。——译者注】的执政官就是庞培，如果他不同意，那他为什么要通过该议案？如果他同意，那他为什么又阻止我接受人们对我的慷慨之举？我觉得自己已经表现出极大的克制，事实上我自己提议解散军队，哪怕这对我来说意味着地位和权力的丧失。而我的对手，他们要求别人如何，自己却拒绝服从，他们宁愿将一切搞乱，也不愿放弃对自己军队的控制。他们对我不义，将我的两个军团充公。他们用剥夺保民官权利的做法侮辱我、激怒我。但是，我还是提出条件，请求和谈，可是都遭到拒绝。因此，现在我诚挚地请求你们和我一起，共同接管罗马政府。如果你们因为怯懦而回避，我也不麻烦你们，我自己来管理。我会派出使者去庞培那里谈判，尽管庞培在不久前召集元老院时说过，派出使者去见什么人，只会提高这个人的威信，也会表明派出使者一方的胆怯，但我不怕这些。这些话只能反映他那懦弱而卑鄙的灵魂。我的目标是在正义和公平上胜过其他人，正如我已经力图在取得的成就上超越他们一样。"

（**33**）元老院同意派遣使者，但找不到可派之人。每个人都害怕，相互推诿，因为他们都记得庞培离开罗马时在元老院是怎么说的。庞培说，对那些留在罗马城里的人与待在恺撒军营里的人，他将一视同仁。就这样，花了三天时间讨论、辩解，再加上一个叫卢契乌斯·墨特卢斯的平民保民官受到恺撒对手的教唆，站出来要求推迟对此事做出决定，并对所有他能参与执行的事务都加以阻挠。恺撒看清了他的意图，觉得已经浪费了几天时间，不该再浪费任何时间了，就放弃原来计划要做的事，离开罗马城到外高卢去了。

（**34**）恺撒到了外高卢，得知几天前在科菲纽姆被他俘获又释放的维布利乌斯·鲁弗斯已被庞培派到了西班牙；多米提乌斯也启程接管马西利亚【今法国港口城市马赛。——译者注】去了，同行的还有 7 艘从伊吉利乌姆岛和科萨附近征用的私家船，这些船上的船员由他的奴隶、解放的自由民和佃户组成。在此之前，已经有一些马西利亚贵族青年作为使者被派回他们的家乡。而且，他们离开罗马都城时，庞培告诫他们不要因为恺撒新给的好处就忘掉自己施予他们的旧恩。马西利亚人听从了庞培的训诫，关起城门抵抗恺撒。他们还召集了生活在马西利亚丛林之中、自古以来就与他们结盟的蛮族部落阿尔比基人。还把邻近地区和所有城堡的谷物都聚集到城里，修建铁匠工场制造武器，动手修缮城墙、城门和舰队。

（**35**）恺撒派人去见马西利亚最高议院的十五贵人【十五贵人：由马西利亚 600 人的议会再选出来的常务委员会，掌握该地的军政大权，它的贵族性质决定了十五贵人只能站在庞培和元老院一边。——译者注】，力劝他们不要让马西利亚人成为挑起战争的罪人；马西利亚人与其屈服于某个人的私愿，还不如服从整个意大利的权威。他还说了一些话，认为这些话能促使马西利亚人保持头脑清醒。使者将他的话传达到议院，并带来了议院的回复："我们知道罗马人民已经分裂成两派，我们没有权力判定哪派比较公正有理；但两派的领导者——庞培和恺撒——都是我们国家的恩人。他们一个将沃尔凯族的阿雷科弥基人的土地和赫尔维人的土地正式授予我们，另一个在打败萨吕斯后将其领土划归我们，给我们增加了税收。因为同样受惠于此二人，我们认为我们要对二人表达同样的善意与感恩，决不能帮助某一方来反对另一方，也不会允许任何一方进入我们的城市和港口。"

（36）恺撒与十五贵人还在协商交涉之中，多米提乌斯就带着船队来到了马西利亚。马西利亚人允许他进城，并让他掌管全城，授予他军事行动的最高指挥权。在多米提乌斯的指挥下，他们把舰队派往四面八方，不管在哪里遇到商船，都扣住并带回港口。他们用装备不齐的船只上的钉子、木材和工具修缮其他船只；将在这些船上找到的所有粮食公开分送，其余的货品和食物存储下来，以备该城遭围攻时使用。

恺撒被这种欺诈行为激怒了，他立刻率领三个军团向马西利亚进发，同时命令马西利亚的军团开始筑建塔楼和隔栅，为围攻马西利亚城做准备。他还决定在阿雷拉特建造 12 艘战舰。从砍伐木材开始，这些战舰在 30 天内就建造装备完毕，并被送至马西利亚。恺撒指定德基穆斯·布鲁图指挥这些大军，又任命盖乌斯·特雷波尼乌斯为围攻马西利亚的指挥官。

（**37**）恺撒一边忙着做各种准备工作，一边派副将盖乌斯·法比乌斯带着驻扎在纳波及周边地区冬休的三个军团到西班牙去。他命令法比乌斯迅速占领穿过比利牛斯山脉的关口。当时，这些关口正被庞培副将卢契乌斯·阿弗拉尼乌斯把守着。恺撒又命令在稍远地区冬休的其他兵团也紧随其后。法比乌斯遵照命令，神速进军，成功驱走了守卫关口的士兵，并强行进军，逼阿弗拉尼乌斯的军队和他对决。

（**38**）当时，阿弗拉尼乌斯率领三个军团守着近西班牙地区。庞培的另一个副将瓦罗带着两个军团守着从卡斯图洛关口到阿那斯河之间的远西班牙地区，还有一个副将佩特雷尤斯也带着两个军团守着从阿那斯河至维托涅斯地区以及卢西塔尼亚地区。当庞培派遣的卢契乌斯·维布利乌斯·鲁弗斯到达西班牙时，他们重新分配掌管的区域。佩特雷尤斯带着他所有的兵力从卢西塔尼亚出发，途经维托涅斯与阿弗拉尼乌斯会合；瓦罗则带领他所指挥的几个军团守着整个远西班牙地区。及时做出这些安排之后，佩特雷尤斯在整个卢西塔尼亚地区召集骑兵和辅助部队，阿弗拉尼乌斯则从克尔提贝里亚、坎塔布里以及西海岸所有蛮族部落召集士兵。佩特雷尤斯聚拢自己的军队，快速穿过维托涅斯地区，加入阿弗拉尼乌斯的队伍。经过协商，他们决定在伊莱尔达地区进行战斗，因为这里的地形对他们很有利。

（**39**）如上所述，阿弗拉尼乌斯有三个军团，佩特雷尤斯有两个，此外，还有近西班牙的盾牌兵、远西班牙的皮盾兵共约 80 个步兵辅助小队，以及从这两个行省招募的约 5 000 名骑兵。恺撒已派出六个军团前往西班牙。他没有步兵辅助部队，骑兵大约有 3 000 人，都是和他一起参与过历次战役的老兵。还有数目相当的一批士兵，都是高卢诸部落最优秀、最勇敢的人，是恺撒在高卢一个个亲自挑选来的。此外，他还从阿奎塔尼亚以及与高卢行省临近的山区部落里招来一些人。恺撒已经听说庞培率领军团正经由毛里塔尼亚朝西班牙方向赶来，很快就要到达。他马上向保民官们和百夫长们借钱分给自己的士兵。这一招可谓一石二鸟：一方面，借款成了抵押物，让百夫长们必须对他忠诚；另一方面，他的慷慨犒赏又让士兵们对他的好感倍增。

（**40**）法比乌斯既送信件又派使者，尝试收买邻近各部落。他在西科里斯河上建起两座桥，彼此相隔 4 英里。他派人跨过这两座桥去寻找粮草，因为前几天河这边的所有粮草都耗尽了。庞培军队里的指挥官们几乎做着同样的事，理由也一样。因此，两方骑兵之间的小规模战斗频频发生。一次，法比乌斯的两个军团又按照惯例掩护出去找粮食的士兵。他们已经跨过稍近一点的桥过了河，马车和所有骑兵跟在他们后面。突然，狂风大作，巨浪滔天，桥梁被冲毁了，一大部分骑兵和前面的军队被切断。佩特雷尤斯和阿弗拉尼乌斯看到顺着河水冲下来的土块和木构件，知道了发生的事。阿弗拉尼乌斯立刻派出四个军团和所有骑兵，穿过联结驻营和市镇的一座桥，赶去对抗法比乌斯的两个军团。得到敌军逼近的消息，指挥这两个军团的卢契乌斯·普兰库斯迫不得已占据一处高地，让两个军团背靠背排列，两面迎战，以免遭骑兵包围。这样，虽然战斗双方人员悬殊，他还是挡住了对方四个军团和骑兵的猛烈攻击。对方骑兵已经发动进攻，这时，双方都远远地看到两个军团的旗帜，这是法比乌斯派出的从远一点的桥上过来支援我军的，他早就预料这事会发生，猜测敌方指挥官会利用这一大好机会对付我军。这两个军团的到来结束了战斗，双方带着各自的军队回了营地。

（**41**）两天后，恺撒带着他留做私人卫队的 900 名骑兵来到这里。被暴风雨冲毁的那座桥差不多快修好了，他命令当天晚上必须完工。他亲自去察看周边乡村的地形。第二天，他留下所有辎重队伍，并留下六个步兵大队守卫桥梁和营地，便率领全军排成三列出发了，朝伊莱尔达前进。他在阿弗拉尼乌斯营地附近停了下来，让士兵全副武装，停留片刻，向对手提出在平地战斗的要求。阿弗拉尼乌斯率军出营，却在营地下方的半山腰上停止前进。恺撒明白阿弗拉尼乌斯并无作战之意，决定在距离那座山的山脚不到半英里处扎营。为避免自己的士兵在忙着修筑壁垒时遭到敌人的突然袭击，恺撒命令士兵不要修筑壁垒，因为这东西在很远的地方就能看见。他让士兵在面向敌人的一边挖一条宽 15 英尺【一英尺 = 0.304 8 米。——编者注】的战壕。实际上，挖沟工作只是由第三列军队士兵偷偷执行，而第一列和第二列军队仍然全副武装，排好队伍挡在他们前面。结果，阿弗拉尼乌斯还没意识到他们在修建营地防御工事，工程就已经修完了。快到傍晚时，恺撒领着军团进入战壕，一整夜全副武装地在里面待命。

（**42**）第二天，恺撒把整个军队都留在战壕里。由于防御栅栏所用材料要去很远的地方取，他让士兵暂时按昨日的分工，派一个军团负责加固营地一边的防御工事，即按照指示挖出与第一个战壕同样大小的新战壕。余下的军团轻装上阵，挡住敌人。阿弗拉尼乌斯和佩特雷尤斯希望吓跑我军，中断士兵工作，因此他们把军队带到山脚下，向我军发起挑战。尽管这样，恺撒依旧凭借前面的战壕以及三个军团的掩护，继续修筑防御工事。敌军没有逗留多久，他们没有离开山脚朝前走多远，就撤回营地了。第三天，恺撒在自己的营地周围筑起了一道壁垒，并下令让留在原来那个营地里的步兵大队和辎重队伍前往这里。

（**43**）从伊莱尔达镇到附近的一座山（佩特雷尤斯及阿弗拉尼乌斯扎营于此）之间，水平空间大约 500 码【1 码= 0.914 4 米。——编者注】宽，几乎在正中间，有一座小山丘。恺撒深信，如果自己占据这座小山丘，加固防御工事，那就能把敌人与市镇、桥梁以及他们聚积在镇上的所有给养通通切断。于是恺撒率三个军团出营，选择有利地形，部署好作战队伍，然后命令其中一个军团站在最前排的旗下精兵【军团中选出来的精兵，作战时直接排在军团最前面、旗帜后面。恺撒的军队中，每个军团有三四百精兵，恺撒不让他们背负行李、值勤，只要他们负责保卫军旗和执行紧急战斗任务。——译者注】跑步前进，占据这座小山丘。发现这一情况，阿弗拉尼乌斯马上派出守在自己营地最前方的步兵大队抄近路赶去夺取该地。敌方先抵达那座山丘，我军被击退，加上敌军又有援军跟上，我军被迫转身退回军团旗帜处。

（**44**）庞培军队采用的作战方法不过是一开始就向前猛冲，占领一处阵地。他们没有特别关注要保持队列秩序，而是分散作战。如果败了，他们就撤退，也不觉得这是什么羞耻的事。早在与卢西塔尼亚人及其他蛮族作战时，他们就习惯了这种作战方式。通常，士兵在一个地方长时间服役，他们都会受到当地人很多习俗的影响。恺撒一方的士兵心情有点沮丧，他们全然不习惯这种作战方式。哪怕对方单个士兵往前冲过来，他们也会认为自己队伍暴露在外的两翼要被包围了。他们觉得自己应该保持在队列中，不能离开军队的旗帜；如果没有特别危险的原因，他们也不能接受从已经占据的地盘随意撤离。这样的结果就是先行军陷入一片混乱，驻在这一翼的军团守不住自己的阵地，撤退到了附近更高一点的地方。

（45）恐慌几乎蔓延了整个军队。看到出现这种出乎意料的情况，恺撒开始激励手下的士兵，并率领第九军团前去增援。他击退了那些不顾一切穷追的敌军，迫使他们向伊莱尔达撤去，一直退到城墙才停下来。不过，第九军团士兵一雪前耻的心情太过急切，冒冒失失追赶逃跑的敌人，跑得太远了，等他们醒悟时，已经追至伊莱尔达镇山脚下一个地势很不利的地方。他们想从这里撤退，但敌军再次开始从山上向他们进攻。第九军团身处斜坡，两边坡面陡峭，仅能容下三列并排步兵大队，既不可能增派侧面援军，也不可能在步兵遇到困难时获得骑兵的任何帮助。但一离开伊莱尔达镇，又有一处坡度较缓，大约700码的斜坡。第九军团士兵受热情所驱，不假思索前进太多，现在他们试图在这个斜坡重新聚集。他们在这里展开战斗，然而此处空间非常狭小，而且处于山脚，敌方所有投掷兵器几乎全都能够落在这里，因此，这一位置对我方士兵非常不利。然而，士兵们凭借自己的勇气和耐力与敌人进行战斗，身上遭受了数不清的创伤。敌人的数量还在增加，不断从营地新派出的步兵大队穿过市镇赶来支援，换下前一拨士兵。恺撒也不得不这样做，新派步兵大队前去支援，把疲劳的士兵替换下来。

（**46**）经过 5 个小时的持续战斗，我方士兵已经用光了所有投掷兵器，战斗造成的减员开始对他们产生影响。他们拔出剑，冲向山上的敌军部队，砍伤了一些敌军，迫使其他人后退。敌人一直退到城墙那里，有些人恐慌之中逃到了城里，这给士兵留出了一条撤退的通路。另外，我方骑兵尽管停驻在地势较低的坡下，也奋力从斜坡两侧登上坡顶，在两方军队之间来回奔驰拼杀，掩护步兵撤退。这一天的战斗有成功也有失败。在第一次交锋中，我军阵亡约 70 人，其中包括第十四军团的首列百夫长【经马略军事改革，军团中旧的兵种完全失去原有意义，但仍然保留了各自名称，每个大队设立六个百夫长，分别叫轻装兵前百夫长、轻装兵后百夫长、主力兵前百夫长、主力兵后百夫长、重装兵前百夫长、重装兵后百夫长。只有第一大队的六个百夫长为首列百夫长，其升迁次序有严格规定，其余各大队的六个百夫长之间区别不大。——译者注】昆塔斯·孚尔吉尼乌斯，他是因为作战英勇、表现杰出而从等级较低的百夫长升至这一职位的。另有 600 多人受伤。在阿弗拉尼乌斯的军队里，老百夫长提图斯·凯基利乌斯被我军杀死，还有其他四个百夫长和超过 200 名士兵阵亡。

（**47**）不过，双方对当天战斗结果的看法并不一致，都觉得自己这方略胜一筹。阿弗拉尼乌斯的士兵普遍认为他们的作战能力比我方要低，但他们与我军短兵相接时，持续作战这么久，还顶住了我军的猛攻，而且首先占领了我方想要占领的山丘，迫使我方在首次交锋中败下阵来，对他们而言这完全可以看作一次胜利。而我方士兵认为是自己胜利了，因为尽管他们处于不利地形，而且双方人数悬殊，他们一直战斗了 5 个小时，还拔剑冲上山去，迫使居于更高地势的敌人撤退了，逃到城里去寻求庇护。

阿弗拉尼乌斯的士兵在这座引起战争的小山丘上修筑了强大的防御工事，并派了警卫防守。

（**48**）两天后，我军又遭受了一场突如其来的灾难。一场暴风雨不期而至，雨势之猛，引发了该地区有史以来最大的一场洪水。洪水将山上的积雪冲下来，漫过河岸，一天之内就冲断了法比乌斯建起的两座桥。这让恺撒的军队陷入极大的困境。他们的营地夹在西科里斯河与金伽河之间，两条河只相隔30英里，而现在两条河都无法过去，士兵们被禁锢在这个狭小的空间里。和恺撒建立友好关系的部族无法将粮食供给送至他们手里；先前派出去寻找粮草的军队走得太远，现在被河水阻隔，也无法返回；而从意大利和高卢送出的大量物资还在路上，无法到达营地。不仅如此，这还是一年中最困难的时候，因为前一年为军队冬季休整储存的粮食已经吃完了，而这一年的粮食还没有成熟；阿弗拉尼乌斯在恺撒到来之前把几乎所有的粮食都运进了伊莱尔达镇，这导致各部族自己都没有粮食供应；而恺撒的队伍在前几天就已经耗尽了仅剩的一点粮食。当地的牲口本来还可以在危难时期作为粮食替代品，但由于战争，已被邻近部族赶到很远的地方去了。出去寻找粮食和饲料的那些士兵遭到卢西塔尼亚轻装兵和来自近西班牙皮盾兵的追击，对方士兵熟悉地形，还能轻易游泳渡河，因为他们习惯于在打仗时带上泅水用的水囊。

（**49**）相反，阿弗拉尼乌斯的军队却供给充足。他们早就收集储存了大量谷物，而且行省各处还不断运来粮食，以及大量供牲口食用的饲料。伊莱尔达镇的桥是他们运送这些物资的通道，河对岸是乡村地带，由于恺撒完全被阻隔无法到达，所以那里的资源还未动用。

（50）洪水持续了好几天。恺撒本想重新修桥，但河水水位太高，驻扎在河岸的敌军步兵大队也不容许他们这样做。河岸地势险峻，河流洪水汹涌。此外，我们的士兵需要在非常狭小的地方工作。但敌人可以将投掷物如雨点般地投向沿岸所有的地方。士兵们发现，与湍急的河流搏斗的同时躲开石林箭雨，完成复建桥梁的工作，是非常困难的。

（51）阿弗拉尼乌斯收到消息，称给恺撒送给养的大批运输队伍已经在河边停了下来，从鲁特尼族来的弓箭手也到了，高卢骑兵也来了。按照高卢人的习惯，他们还带来了大量车辆和行李。此外，还有各种各样的人，带着用人和孩子，共计约 6 000 人。但他们没有任何组织，也没有明确的负责人，每个人都随心所欲，想怎么走就怎么走，就像平常一样，非常随意。其中有几个出身高贵的年轻人，是元老或骑士家庭出身。还有各部族派来的官方代表团和恺撒的副将们。这些人都被河水阻住了脚步。晚上阿弗拉尼乌斯率领所有骑兵和三个军团发起了突然袭击。他先派出骑兵，给敌军出其不意的一击。然而，高卢骑兵马上站好队列，投入战斗。尽管进攻方人数远远超过他们，他们还是尽可能久地抵挡住进攻，短时间难分上下。等到进攻方军团的旗帜开始逼近，损失了少数几个人的高卢骑兵才向附近的山上撤去。这场战斗拖延了时间，对于保障我方其余人员的安全起到了决定性作用，给了他们足够时间撤到一处地势高一点的地方。那天，我方损失了大约 200 名弓箭手、一些骑兵和数量不多的营奴与辎重牲口。

（52）所有这些情况导致粮食价格上涨。涨价原因不仅仅是当时粮食短缺，还有对未来的担心。粮价已经涨到 1 配克【1 配克 = 9.092 升。——

编者注】50 银币，粮食短缺让士兵元气大伤，而困难仍一天天加剧。仅仅几天时间，形势完全发生改变，命运发生逆转，我们的士兵不得不面对所有生活必需品严重匮乏的现状，而我们的敌人却样样充足。由于粮食供应缩减，恺撒请求那些支持他的部族提供牲口，并将营奴送往更遥远的部族，而他本人则尽其所能，采取一切办法解决饥荒问题。

（53）阿弗拉尼乌斯、佩特雷尤斯及他们的朋友们写信给罗马城内的党羽，把这里的情况告诉了他们，信中有大量夸张之处，连细节也夸大了。加上谣言的进一步渲染，人们以为战争几乎就要结束了。送信的人带着这些信到达罗马城时，大批人聚集在阿弗拉尼乌斯家中祝贺他。许多人离开意大利去见庞培，其中有些人是想落个好名声，做第一个带去这一好消息的人，其他人则想避免最后出现在他面前，让人觉得自己是在等着战争的最后结果。

（54）所有路线都被阿弗拉尼乌斯及其士兵封锁，恺撒一方没有修复两座桥梁的可能。在这个危急关头，恺撒命令士兵按他几年前学会的不列颠的经验造船。船的龙骨和横肋都用轻质木材建造，船身的其余部分用柳条编织，并蒙上了兽皮。这些船建好后，他趁着夜色用前后连在一起的车辆，把船运到离营地约 22 英里的河里。他用这些船把士兵运到河对岸，趁对方不注意，迅速占领了与河岸毗连的一座小山，并在敌人还没反应过来的时候，在小山上构筑了防御工事。接着，他又运送了一个军团过河，河两边开始一起建桥，两天就修好了一座桥。这样，他就能安全接回那些运输给养的车队和寻找粮草的士兵，从而解决了粮食供应的困难。

（55）就在同一天，恺撒还派出大部分骑兵过河。这些骑兵突然开始进攻敌方分散且毫无戒心的寻粮人员，俘获了大量牲口和士兵。当对方派几个步兵大队的皮盾兵前来营救时，我方骑兵机警地分成两组，一组守着战利品，另一组则迎上前去御敌。对方一个步兵大队冒冒失失地跑到自己大队人马的前头，我方骑兵成功地将他们和大队人马分割，彻底歼灭了他们，然后毫发无损地过桥回营，还带回了大量战利品。

（**56**）与此同时，马西利亚人按照卢契乌斯·多米提乌斯的指令，准备好17艘战舰，其中11艘上面装了甲板。在此基础上，还增加了若干艘较小的船，妄图凭数量吓退我们的舰队。他们的战舰上配有大量的弓箭手以及前面提到的阿尔比基人，多米提乌斯还向他们许诺给予犒赏，以收买人心。多米提乌斯还要求特派一些舰船，把一直追随他左右的佃农和牧民安置到船上。就这样，一切准备工作做好后，他们信心十足地前来对抗我方舰队。当时，我方舰队由德基穆斯·布鲁图率领，停在马西利亚附近的一个岛屿。

（**57**）布鲁图拥有的舰船数目远远少于对手，但恺撒给舰队配置的是从所有军团中挑选出的最勇敢的士兵，以及自己要求加入舰队的旗下精兵和百夫长们。这些士兵早就准备好铁钩、鱼叉，还备有大量标枪、梭镖和其他投掷武器。刚得知敌军逼近，他们就把战舰驶离岛屿，和马西利亚人交战。双方士兵都作战骁勇，很有意志力。事实上，那些阿尔比基人的勇猛可以和我方士兵相媲美。他们是山地民族，对战争习以为常，而且他们刚刚从马西利亚那里过来，对于马西利亚人许给他们的种种承诺，他们此时此刻依然记忆犹新。多米提乌斯的那些牧奴则是受到主人承诺给他们自由的激励，急切地想在主人面前积极表现。

（58）马西利亚人凭借战舰速度快、舵手技术高超，不断避开我军舰船，阻碍我方发动攻击。另外，只要水面够宽，他们就会把舰队尽可能排开，不断试图包围我方舰队：要么几艘战舰瞄准我方一艘船同时发动攻击；要么从我方船侧擦身而过，企图折断我们的船桨。一旦任何一艘战舰被迫与其近距离战斗，对方舵手就会凭借山地人的勇猛而不是实际技能操作舰船应战。我方桨手不够熟练，舵手也没有多少经验，他们都是之前匆匆从运输船上招募过来的，甚至还不知道那些索具的名称。我方舰船都是用尚未干燥的木材匆忙打造的，行动不如对方迅速。一旦发生近距离作战，我方士兵便自觉地以自己的一艘船对抗敌方两艘船，用铁钩将对方两艘船钩住，然后在船两侧投入战斗。他们登上敌军舰船，杀死大量阿尔比基人和牧民。他们击沉了几艘船，还连人一起缴获了好几艘，其余的都被他们逐回港口。那一天，马西利亚人共损失了9艘战舰。

（59）有人将这场战斗的结果报告给了扎营在伊莱尔达的恺撒。就在同一时间，建成的桥梁也起到了马上扭转战局的作用。敌人慑于我方骑兵的勇敢，不敢再像以前那样随心所欲地实施突袭行动了。有时，他们即便出来，也只敢在离自己营地不远的地方活动，以便能够快速安全地撤退，而且他们只在小范围内实施突袭；有时，他们为了避开我军岗亭和骑兵哨岗，会绕道很远，哪怕遭遇一点点阻碍，或是远远看到我们的骑兵，他们也会立刻逃之夭夭。最后，他们渐渐地只在夜晚出来寻找粮草，而且隔几天才出来一次。

（60）同时，奥斯卡人和向奥斯卡人进贡的卡拉古里斯人，双双派出使者拜见恺撒，表明愿意听从恺撒指挥。随后，其他部落纷纷效仿，先有塔拉科人、亚克塔尼亚人和奥赛塔尼亚人，几天后，又有沿埃布罗河居住的伊卢伽沃涅塞斯人前来。恺撒让这些人都供应粮食支援自己。他们承诺照办，从各地搜罗牲畜，驮着收来的粮食运到恺撒的营地。一个伊卢伽沃涅塞斯人的步兵大队知道了本族的行动，也前来投奔恺撒，并移交了他们先前驻地的旗帜。整个局势快速变化，桥已建成，五个很有影响力的民族开始和我们缔结友好关系，粮食问题也得到了解决。庞培率后备大军通过毛里塔尼亚前来增援的谣言不攻自破，很多更加偏远地区的部落叛离阿弗拉尼乌斯，尝试和恺撒结成友好关系。这一切都使恺撒的敌人彻底吓破了胆。

（**61**）现在，为了不让骑兵外出时沿桥绕个大圈子，恺撒寻得一处合适的地方，命令士兵挖几条 30 英尺宽的沟渠，将西科里斯河水分流一部分，从而在河道上出现一个可以涉水而过的浅滩。工程差不多要完成时，阿弗拉尼乌斯和佩特雷尤斯开始害怕，由于恺撒的骑兵力量非常强大，他们担心自己的粮食和草料来源有可能被切断。因此，他们决定撤离该地区，将战场转移到克尔提贝里亚。他们做出如此决定，还受到一个因素的影响，在克尔提贝里亚地区的蛮族部落那里，恺撒的名号还不是那么响亮。因为这些部落持不同政见者中，有些派别在稍早时候的起义中支持过赛托里乌斯【昆塔斯·赛托里乌斯，在马略一派遭到苏拉镇压后，很多残存的马略派分子和伊比利亚人都投靠了他。他采取多种开明的改革措施，将西班牙的上层奴隶主贵族都拉到自己这边，建立自己的政权，组织军队，开办学校，和罗马分庭抗礼。后被部下暗杀，西班牙全部落入庞培之手。——译者注】，有些派别则一直忠于庞培。对前者而言，他们的部落曾经被庞培攻占，尽管现在庞培不在，但他的威名仍然让他们敬畏；而对后者来说，庞培早就慷慨赐予过巨额犒赏，他们当然对庞培忠心耿耿。阿弗拉尼乌斯和佩特雷尤斯期待在这一地区征召大量骑兵和辅助部队。而且，由于这一战场是他们自己选定的，他们希望能在这里将战争拖到冬季。打定主意后，他们就开始将埃布罗河沿岸所有船只全部征用，集结到埃布罗河畔的奥克托格萨镇，这里离他们的营地仅 20 英里。他们下令将所有船只连在一起，建成一座浮桥；又派两个军团渡过西科里斯河，建起一座营地，并筑起一道 12 英尺高的壁垒。

（**62**）侦察员向恺撒报告了敌军的这些行动。恺撒让士兵夜以继日地干活，不断地让河水分流，现在，骑兵涉水过河虽然有些冒险，但总可以过去。不过，河水依然齐胸，水太深，水流又急，步兵还是无法涉水过河。与此同时，有人报告恺撒，埃布罗河上的桥已接近完工。

（63）这种境况逼得阿弗拉尼乌斯和佩特雷尤斯加紧撤离，他们留下两个步兵辅助大队守卫伊莱尔达，然后率领其余部众渡过西科里斯河，与几天前派出渡河的两个军团会合并建起营地。恺撒目前的最佳选择便是派骑兵去骚扰和阻碍敌人的行军队伍，因为他要通过自己建的那座桥，得绕很大一个圈，而敌军却可以抄近路直接到达埃布罗河。因此，恺撒派出骑兵过河。正当庞培的指挥官们于夜里两三点拔营出发时，恺撒的骑兵突然出现在他们纵队后方，大队人马来来回回攻击骚扰敌军后队，阻碍和拖延敌人前进。

（64）天刚破晓，恺撒从营地旁的高地望过去，我方骑兵在敌军后方步步紧逼。有时，我军把他们拦住，甚至将他们和前方军队隔开；也有时候，敌人的后方军队会在军旗后排好队，向我方进攻，我们的骑兵被迫后退，但随即会重新集结，再去追击他们。整个营地里，我方士兵开始三三两两聚在一起议论前敌战况，痛惜敌人就要从手中溜走，战争会不必要地拖延下去。他们走到百夫长和军事保民官面前，恳求他们告诉恺撒，请恺撒不要担心他们普通士兵会辛苦或有危险，他们已经做好准备，有能力而且有勇气在骑兵涉水渡河的同一地方过河。他们大声齐呼，热血沸腾。恺撒被他们的勇气和热情打动，尽管让军队置身滔滔大河，他很担忧，但他觉得必须要尝试一下，试试看能不能过河。为此，他命令把百人队里较弱的士兵挑出来，包括身体不佳以及意志薄弱的，并留下一个军团和他们一起守卫营地。他将大量驮畜安置在过河地带的上下游，起到减缓水流和保护的作用，然后命其余士兵轻装出发，领着大队人畜渡河。河水湍急，有几个士兵就要被河水冲走了，幸亏骑兵及时发现拽住救了回来，因此没有人员死亡。军队安全抵达对岸，他整好队伍，将他们排成三列开始前进。士兵的士气如此高昂，尽管绕道而行让他们多走了6英里，涉水渡河也耽搁了很多时间，他们却在下午3点前就赶上了深夜2点出发的那些人。

（65）阿弗拉尼乌斯和佩特雷尤斯在一起，远远地就看到了恺撒的追兵，我军的神速行军让他们惊恐万状。阿弗拉尼乌斯让士兵在一处高地停止行进，排好队形准备战斗。恺撒让部下在平地稍事休息，免得他们疲劳作战。敌人试图重新启程前行，恺撒的部下又追上去。敌军不得不比原定计划提前扎营，因为他们就要行至山岭了，再向前行进5英里就会到达乡村，而那里道路狭窄难行，地势不利。他们热切渴望进入这些崇山峻岭中，这样不仅可以甩掉恺撒的骑兵，还可以在关口设置守卫，阻断我军去路，因而既可以脱离危险，又没有后顾之忧，领着大军渡过埃布罗河。这是他们打算去做也必须不惜任何代价做成的事。只是这一整天都在战斗和辛苦行军，他们疲惫不堪。他们决定将此事推迟到次日。恺撒也在附近一个小山上扎下营来。

（66）夜半时分，庞培营地一队出去取水的士兵走得太远，被我方骑兵俘获。他们告诉恺撒，自己的指挥官正悄悄带着部队离开营地。恺撒立刻下令发出信号，大声喊出常用的拔营命令。听到嘈杂的声音，阿弗拉尼乌斯和佩特雷尤斯唯恐他们的军队拖着行囊包袱夜里作战，也怕被恺撒的骑兵围堵在狭窄的通道里，只好停止出发，让军队待在营中。第二天，佩特雷尤斯带领一小队骑兵悄悄出营勘察地形，恺撒一方也由卢契乌斯·德基狄乌斯·萨克萨指挥几个骑兵前去侦察。双方回到各自营地后做出相同的报告，都说前面5英里是平路，但再往前便是岩石遍地的山岭地带，而且谁先占领那些狭窄的通道，谁就能毫不费力地阻止对手前进。

（67）阿弗拉尼乌斯和佩特雷尤斯召开了紧急会议。他们就报告内容展开讨论，以确定出发时间。大多数人赞成夜里出发，因为这样他们就可以在被发觉前赶到那些狭窄的小道。其他人将前一天晚上恺撒已经发出拔营命令的事实作为证据，认为不可能悄悄离开。他们称，恺撒的骑兵夜里四下巡逻，会封锁每个地方和每一条路线。此外，要避免夜里战斗，因为比起责任感，这些处于内战恐惧氛围中的士兵们的行为更可能受到恐惧的影响。而在白日里，众目睽睽下，士兵的羞耻感会起到作用，而且军事保民官和百夫长们都在场，也会有对士兵产生约束力。因此，无论如何，他们都应该在白天冲出去，哪怕遭受一点儿损失，但他们能够做到既不损失大部队，又能拿下他们想夺到手的那块地方。这一观点在会上占了上风，他们于是决定次日天一亮就出发。

（68）恺撒已经勘察过这一带的地形，天刚露出鱼肚白，他就让整个军队离开营地，没有走任何一条受到监视的道路，而是绕了个大圈前行。因为敌军在营地可以将直接通往奥克托格萨和埃布罗的道路看得清清楚楚。恺撒手下的士兵得越过险峻难行的深沟，很多地方的路都被陡峭的岩石挡住了去路，他们只能把武器逐一往后传，才能过去，有好长一段路他们都没带武器，而是一个帮一个托起来爬上陡峭狭窄的小路，但是没有一个人抱怨，因为他们都认为只要他们能够阻断敌人前往埃布罗河的去路，切断他们的粮食供应，他们所有的辛苦就有回报了。

（69）最开始时，阿弗拉尼乌斯的士兵还欢天喜地地跑出营来监视我方动向，追着我方士兵，奚落他们是因为没有必需物资才不得不离开营地回到伊莱尔达去的。同时，他们的指挥官也为自己做出待在营地里的正确决定感到自豪，而且，他们看到我军离开时既没有辎重也没有驮畜，认为我们无法再忍受供给的短缺，这更坚定了他们的想法。只是，当他们看到我军行进队伍渐渐右转，而且发现队伍前锋已经在包抄他们的营地时，他们才恍然醒悟，赶紧离开营地，前来拦截我军。他们没有畏缩，没有逃避，而是发出拿起武器的号令，仅仅留下几个步兵小队守卫那里，其他所有士兵全部出发，沿最近路线向埃布罗河前进。

（70）这是一场比赛，看哪一方速度快，能先到达山岭那里的通道。恺撒的队伍虽然因所走的道路崎岖难行耽误了一些时间，他的骑兵却紧紧跟在阿弗拉尼乌斯军队后面拖着他们。阿弗拉尼乌斯的士兵面临这样的处境：如果他们拼尽全力成功到达目标山岭，他们自己就脱离了危险，但无法保住留守营地的步兵小队以及整个军队的辎重，因为他们回去的道路已经被恺撒的军队阻断，无法对他们实施任何援助。恺撒首先完成行军，他在峭壁上找到一块平地，就地布好队列等待敌军到来。阿弗拉尼乌斯看到前有敌军阻拦，后军又受到敌军骑兵骚扰，就在一个小山头前命令军队停下，并派出四个步兵小队的皮盾兵，命令他们迅速冲上去占领眼前能看到的最高一座山。他打算带着余下士兵都赶去那里，然后改变路线，沿山脊转往奥克托格萨。就在他的步兵小队从侧面登山时，恺撒的骑兵发现了他们并展开攻击。他们抵抗了很长一段时间，最终全部被包围歼灭。

（71）敌军刚目睹如此惨重的损失，内心惶恐，毫无抵抗之心。接下来的战斗会在开阔的平地上发生，这意味着他们会被骑兵完全包围。在恺撒的军队里，副将、百夫长、军事保民官们将恺撒团团围住，敦促他马上开战，因为所有士兵都已准备就绪，紧张待命。他们还指出，已经有很多迹象表明，阿弗拉尼乌斯的军队心有恐惧，因为敌军既没有派人援救自己的士兵，也没有离开小山。敌军几乎不能抵挡我方骑兵的攻击，敌军挤作一团，把军旗集中在一个地方，完全不按队形排列，也没守在军旗旁。他们说："也许敌军目前所在位置相对有利，所以您感到不安，但您可以寻找机会在别的什么地方开战。阿弗拉尼乌斯一定会下山，山上没水，他不可能熬得住。"

（72）恺撒已经切断了敌人的粮草供应，他希望最好可以不用厮杀，不伤一兵一卒，就能解决冲突。他想知道问题的答案，便问手下："即便是为了战争获胜，我为什么就得牺牲自己的士兵呢？我为什么就得让这些为我作战的出色士兵受伤呢？我又为什么非得玩命不可呢？我特别清楚地知道，一个优秀的统帅，既能用刀剑取胜，也能用策略谋得胜利。此外，看到那些势必葬身沙场的国民，我的怜悯之心油然而生。我只希望不伤他们分毫，就能实现我的目标。"恺撒的主张没有得到大家的一致认同。士兵们公开宣称，既然这般大好时机都要白白浪费，以后即使恺撒想让他们战斗，他们也不会出手了。恺撒仍然坚持自己的决定，撤离了小部分人马以缓解敌军的恐惧。这也给了佩特雷尤斯和阿弗拉尼乌斯机会，他们趁机回到营地去了。恺撒在山上设置了守卫，彻底阻断了通往埃布罗河的道路，并在离庞培营地尽可能近的地方扎下营寨。

（73）第二天，敌军指挥官们原本希望赶到埃布罗河并保证粮食供应，但他们的希望完全破灭了。惶恐不安中，他们讨论还有什么其他办法。如果他们决定退回去，可以从一条路回到伊莱尔达；如果是前进，就要走另一条路赶到塔拉科去。正在他们慎重权衡时，有人报告说，派出取水的士兵遭到我方骑兵的攻击。听闻此事，他们在沿途紧密安置骑兵小分队和辅助部队站岗，还在中间安插了几个军团步兵小队，并开始在营地和取水地点之间修建一道壁垒。这样，他们的士兵就可以穿过自己修筑的防御工事取水，不用再担惊受怕，也不用再站岗放哨。佩特雷尤斯和阿弗拉尼乌斯两人所率的军队共同承担了修筑工事的任务，为此他们步行去了很远的地方。

（74）这两人一离开，他们的士兵就开始自由地攀亲交友。庞培营地的士兵相互探问谁在恺撒营地有私交或是老乡，并大批外出，把老乡叫出来相聚。他们表达了对我军所有士兵的谢意，因为前一天在他们被打得魂飞魄散时，我们的士兵饶了他们一命。他们说："我们的命是你们给的。"然后，他们就询问恺撒是否值得信任，他们把自己的命交到他手里是否正确。他们还表达了没有一开始就这么做的遗憾，懊悔曾和自己的朋友及亲人自相残杀。这番交谈给他们壮了胆，他们请求恺撒保证不要杀害佩特雷尤斯和阿弗拉尼乌斯，因为他们不愿背负负罪感，承受出卖自己人的耻辱。如果能得到恺撒的保证，他们承诺马上改旗易帜，派出首列百夫长们组成的代表团来跟恺撒求和。有些士兵还带着自己的朋友回到营地，好像两个营地已经合二为一了。而且，许多军事保民官和百夫长前去面见恺撒，表示愿意为他效劳。之后，有些被他们强征入伍、扣在营地做人质的西班牙酋长纷纷效仿，寻找熟人和亲友，探寻谁有门路让他们见到恺撒，向他表达善意。甚至阿弗拉尼乌斯的小儿子也试图通过恺撒的副将苏尔皮基乌斯和恺撒商量，饶了他们父子的性命。到处都充满了欢乐，大家都在庆幸。敌方因死里逃生而感到欣慰，我方则因几乎没有人员伤亡就让一场大战消于无形而雀跃。所有人都认为恺撒当初的仁慈获得了回报，他的决策受到大家一致推崇。

（75）阿弗拉尼乌斯收到这些事情的相关汇报，赶紧离开尚未完工的工事返回营地，似乎准备无论发生了什么事，他都会平静地接受，听天由命。佩特雷尤斯却镇定自若，他将自己的私人奴隶武装起来，带着这些人，和一小队皮盾兵组成的侍卫队以及一些蛮族骑兵，出其不意地猛然冲回营地，打断了士兵的交谈，将我方士兵赶出了营地，凡是被俘的，一律杀害。幸存的士兵赶紧集合起来，左手紧握盾牌，右手抽出剑来，抵御皮盾兵和骑兵的攻击。幸好他们距离自己的营地很近，很快撤回营地，并得到守卫营地大门的步兵大队的保护。

（76）此事一了，佩特雷尤斯便流着眼泪走进每一个营队，祈求他们不要背叛他，不要背叛不在该地的统帅庞培，也不要把他交给敌人。士兵们被成群结队地聚集到练兵场。佩特雷尤斯要他们宣誓，不会抛弃军队和军队指挥官，而且不会为了自己的利益抛弃他人，单独行动。他自己第一个宣誓，他还强迫阿弗拉尼乌斯跟着宣誓，然后是军事保民官和百夫长们，最后是普通士兵。他们下令，如果谁在住处窝藏恺撒的士兵，马上交出来，被交出来的人将在练兵场公开被处死。但是，大部分士兵都把自己接待过的恺撒的士兵藏了起来，夜里送他们越过壁垒回去。就这样，恐吓自己的士兵，施以残酷的惩罚，强迫用再次效忠的宣誓绑架士兵，阿弗拉尼乌斯和佩特雷尤斯暂时扼杀了士兵投降的念头。他们控制着士兵们的情感，局面恢复到即将开战的老样子。

（**77**）恺撒下令，把在友善和谈期间来到他营地的敌军士兵格外小心地找出来并遣送回去。然而，相当大一部分军事保民官和百夫长自愿留下来跟随恺撒。后来，他给予这些人极大的荣誉，百夫长们都恢复到以前的军阶，罗马骑士也担任军事保民官职务。

（**78**）阿弗拉尼乌斯的士兵发现很难保证粮草和水源的供应。军队虽然还有些粮食供给，因为他们曾奉命从伊莱尔达带足可供22天食用的粮食，但辅助部队和皮盾兵却什么吃的都没有了，因为他们既没有器具获得粮食，身体也不习惯负重。这样一来，每天都有很多人逃到恺撒那里去，情况十分危急。他们前面提出的两个备选方案中，返回伊莱尔达可能会稍微容易些，因为他们在那里还留有一点儿粮食。而且他们相信，一到那儿，他们可以慎重考虑下一步行动。塔拉科要远一些，他们认为距离越远，遭遇不幸的可能性就越大。于是，他们决定采纳第一个方案，马上出发。恺撒派出骑兵前去骚扰、阻止敌军纵队的后卫，他自己带着军团随后追来。敌人的后卫几乎时时都要处于和我方骑兵交战的紧急状态。

（**79**）战争情况如下所述。纵队后卫得到轻装步兵营的掩护，几个轻装步兵营还要在平地上停止行进，掩护其他人撤离。如果遇到他们爬坡，这一地方的地形本身就会帮助他们避开危险，因为那些先爬上去的人可以利用所处地势保护正在攀爬的战友。但是，当他们前面出现山谷或是下坡时，形势就非常危险了，因为那些走在前面的士兵无法给身后的人提供援助，而我方骑兵却可以从背后高一点儿的地方向他们投掷武器。他们在靠近山谷或下坡地形时，唯一的选择就是命令军队全体停下，向我方士兵猛冲，然后全体士兵全速冲进山谷并穿过去，再在一处稍高点的地方停下来。他们确实有大量骑兵，但是这些骑兵根本帮不了他们，因为他们在早些时候的战斗中被吓破了胆，不得不夹在队伍中间寻求保护。而且，任何人只要离开行军队伍，就会被恺撒的士兵逮个正着。

（**80**）这种小规模战斗频频发生，他们一步步缓慢地向前挪，不断地停下来援救自己的士兵。他们前行大约 4 英里时，受到我方骑兵的猛烈攻击，只好选了一处高高的山坡停下来扎营，但没有卸下牲口身上的辎重。当他们看见恺撒扎好了营，支起了帐篷，派出骑兵前去寻找粮草时，便突然突围出去（这大概在当天中午时分发生的）。他们希望趁我方骑兵外出时，重新开始赶路。恺撒知道后，带领正在休息的军团紧随其后，只留下几个步兵小队看守辎重。他命令这些士兵下午 4 点跟来，并叫上骑兵和寻找粮草的士兵一起。不久，骑兵就恢复了行军中的日常工作，即猛烈攻击庞培纵队的后卫，杀得庞培后卫军仓皇逃跑，许多士兵在战斗中丧命。我方还斩杀了敌方好几个百夫长。恺撒的大部队紧跟其后，对整个敌军队伍构成了威胁。

第10章 •••••••••••••••••••••••••••• 庞培大军投降

（81）由于敌军既没有前进的机会，也无法寻找一处合适的地点驻营，他们被迫在一处远离水源、非常不利的地点停下扎营。也是出于前文所提到的原因，恺撒没有挑起战争。从那天开始，恺撒不允许士兵搭帐篷，这样一来，不论敌军企图在夜里还是白天逃跑，每个士兵都可以更快地做好准备，追赶敌人。庞培的大军发现了营地的地形不利，花了一整晚延伸沿线防御工事，一个营地换成另一个营地，沿线不断转移。但是，他们的营地增加越多，越往前移，离水源就越远，结果是解决了已有的麻烦，却又制造出了新的难题。第一个晚上，没有人出营取水；第二天，他们仅留下一个护卫队看守营地，其他军队都出去取水，但没有派士兵寻找草料。恺撒宁可他们遭受这些苦难艰辛，被迫投降，也不让他们通过战斗定胜负。尽管这样，恺撒还是建起一道土方工事和壕沟试图包围敌军，尽可能设置障碍，当敌军企图突然逃走时，阻挡他们的去路。恺撒认为敌方最终不得不寻求这种应急手段。而敌军则由于没有草料喂那些驮着辎重的牲畜，也为了在前进时去掉一些负担，命令杀掉所有驮运辎重的牲畜。

（82）恺撒用了两天来计划如何修建土方工程。到第三天，修建工程大有进展。庞培的大军为了阻止恺撒继续修建工程，大约下午3点发出号令，就在营地下方列阵备战。恺撒召回修筑土方的军团，命令全体骑兵集合，排好了战队。他这样做，是因为如果他完全不顾士兵们的感受，不顾自己当世的名声，看起来像要回避战争，那么他的名声就会受损。不过，他的动机确实同前面提到过的一样，不想让战争爆发，现在这种想法甚至更强烈，因为在这样狭窄的空间，哪怕将敌军赶跑，对最后的胜利也起不到多大的作用，毕竟两个营地之间的距离不超过2英里。双方军队列队布阵就占据了这块地方的2/3，剩下的1/3用来进攻。如果投入战斗，因营地离得极近，失败一方就能快速撤退，躲进避难所。因此，他做出决定，如果敌人进攻，他就抵抗，但是不会主动发起攻击。

（83）阿弗拉尼乌斯战队的前两列由五个军团组成，第三列安排了辅助部队作为候补。恺撒也将军队排成三列，他从自己五个军团里挑出四个步兵小队组成第一列，而第二列和第三列均是从每个军团挑出的三个步兵小队作为候补。弓箭手和投石手安置在队伍中间，骑兵将两个侧翼封住。双方军队就这样布好阵，双方将领似乎都已把自己的目标收入囊中。除非受迫，否则恺撒是不会加入战斗的，而敌军就是要阻止恺撒修筑土方工事。双方就这样僵持着，阵势一直保持到太阳落山，然后双方军队各自回营。次日，恺撒做好准备，要修完土方工事，庞培的大军则开始设法涉水，看能不能渡过西科里斯河。恺撒察觉，派出他的轻装日耳曼部队和部分骑兵渡过河去，在河两岸布置重兵守卫。

（84）庞培的大军现在完全与世隔断。他们已经三天没有任何草秣喂养留下的牲口了，今天是第四天，他们自己也需要水、柴火和粮食。阿弗拉尼乌斯和佩特雷尤斯最终试图和恺撒举行一次谈判，如果可能，他们请求把地点选择在远离士兵的地方。恺撒拒绝了他们的后一项请求，但同意只要他们愿意，可以当着大家的面和他们举行一次谈判。他们将阿弗拉尼乌斯的儿子作为人质交到恺撒手里，谈判就在恺撒选定的地点进行。双方军队都能听见阿弗拉尼乌斯的讲话，他说："你不应该因为我、佩特雷尤斯和我们的士兵想保持对自己统帅庞培的忠诚就仇视我们。到现在为止，我们已经尽到了自己的责任，也因为不得不忍受生活必需品的匮乏而吃足了苦头。我们现在就像被关在围栏里的野兽一样，没法取水，无法离开，我们再也无法忍受身体上的痛苦和精神上的耻辱。我们承认我们输了。我们恳切乞求，如果对我们有任何怜悯，请不要觉得非对我们施加最严厉的惩罚不可。"阿弗拉尼乌斯用了最谦卑、最低声下气的口吻说出这番请求。

（85）恺撒是这样回答的："整个军队中，没有谁比你更没有资格抱怨，自哀自怜。其他人都做到他们该做的了，我自己也做到了。即使天气、地形、条件对我方都有利，为了避免损害和平机会，我也不允许开战。我的军队做到了，尽管我们的士兵遭受迫害，有些战友被杀害了，但我们的士兵还是在保全和掩护那些在他们手中的人。你的士兵们也做到了，他们主动寻求和解，认为他们应该关心所有战友的性命。因此，各方都富有同情心，就你一个人在和平面前退缩。是你没有遵守休战的公约和谈判的规矩，是你残忍地杀害了那些受谈判误导上当的老实人。所以，你遭受的命运就是通常降临到那些冥顽不化、傲慢嚣张的人头上的命运。现在你被迫求助于自己刚刚还无比唾弃的东西，甚至为之乞求。现在，我不打算利用你的屈辱，也不打算利用现在的环境获得有助于实现自己目标的东西，我只要求你解散蓄养多年用来对付我的这些军队。我说'对付我'，因为不是为其他任何理由，你们派了六个军团到西班牙，又在这里征召了第七个军团，还准备了这么多强大的舰队，派遣经验丰富的军事指挥官领导他们。这些准备都不是为了西班牙的和平或是为了治理这个行省。西班牙已经处于和平状态很长一段时间了，它不需要这些东西。这些准备工作由来已久，就是为了攻击我。为了对付我，你还创设了一个新的军事指挥部，其中一个人既可在罗马城门口坐镇监督城里的政治活动，又可以在缺席情况下对两个充分做好战争准备的行省控制多年【这里是指庞培既担任西班牙两行省代执行官，又借监督粮食供应的名义赖在罗马不去任职行省就职的做法。——译者注】。为了对付我，你还篡改了地方治安官的权力【此处就是指庞培在公元前52年颁布有关行省分配的法律，剥夺恺撒掌管行省的权力。——译者注】，一反常规，行省长官不再是由任职期满的司法官和执政官担任，而是要由一个小集团赞同并推选。为了对付我，你不体恤年老体衰之人，把那些在早期战争中有骄人战绩的老兵重新召回指挥军队。你把我一个人的权利剥夺了，而这些权利是给予所有带兵统帅的，比如获胜归来、享受荣誉回家的权利，至少不要带着耻辱回去，甚至还要解散我的军队。尽管这样，我还是一直忍受这一切，我也会一直忍受下去。在目前这种情况下，我也不打算夺走你的军队据为己有，尽管我可以轻易做到，但我只想你不再有任何可以用来对付我的军队，这就是我接受和平的唯一和最终的条件。"

（86）当然，对于敌军士兵们来说，免于罪有应得的惩罚，允许他们自由解散，他们确实欣喜异常。他们非常明显地表达出内心的欢喜，在讨论解散时间和地点的时候，他们在自己所站的壁垒中开始呼喊、打手势，表示他们想立刻解散。他们相信，如果往后拖得晚一些，无论同时做出什么保证，都是不可靠的。简短的争论后，最终决定马上解散那些原本在西班牙有家庭、有田产的士兵，剩下的等他们抵达瓦尔河时再解散。恺撒承诺既不会让他们做出任何牺牲，也不会强迫任何人违背自己的意愿宣誓入伍。

（**87**）恺撒进一步承诺，即时起给他们提供粮食，一直到他们抵达瓦尔河为止，并且补充道，他们任何人在战争中丢失的任何财物，现在只要在他的士兵手中，马上归还。恺撒让士兵对这些财产做出公平的估价，用现金进行补偿。后来，士兵无论发生什么争端，都自动呈报恺撒来裁决。当庞培军团大声索要军饷，几乎要发生暴动时，阿弗拉尼乌斯和佩特雷尤斯却借口不到发饷日而不给他们，这些士兵便要求说，恺撒应该调查此事，双方也接受了恺撒做出的决定。接下来的两天时间，恺撒解散了敌人1/3的军队，然后派出自己两个军团走在他们前面，余下的军队紧随其后，扎营时也紧挨着。他让副将昆塔斯·孚菲乌斯·卡勒努斯负责护送。按照这些指示，庞培余下的部队离开了西班牙，来到瓦尔河，在那里解散。

第二卷

占领西方

第1章 ·························· 围攻马西利亚

（1）这些事情在西班牙发生时，恺撒留下来指挥包围马西利亚的副将盖乌斯·特雷波尼乌斯开始在该镇两处地方修建围墙，并逐步建起围栅和围塔。其中一处围墙靠近海港和船厂，另一处靠近城镇通向高卢及西班牙方向、接近罗纳河入海口的城门。为了完成这项工程，特雷波尼乌斯从整个行省征用大批劳力和大量驮货的牲畜，命令他们采集柳条、砍伐木材，供修建工事之用。有了这些材料，他建起了一道高 80 英尺的围墙。

（2）但是，马西利亚人很早就在镇里屯积了大批武器装备，还有大量投掷器具，它们的攻击力非常大，任何柳条编织的围栅都挡不住。还有从巨大的弩机里射出、前端固定了铁棘的 12 英尺长的木梁，冲破四重树篱后还能插入地里。因此，我方士兵计划将防护通道覆上 1 英尺厚的木材，在防护通道下面，他们用手将修筑围墙要用的材料一块块传递过去。通道的外面覆盖着 60 英尺长的大圆盾，以保护工事。这些大圆盾也是用结实的原木做成的，而且上面包覆了各种可以抵御石头和着火木材的东西。这项工程规模之大、围墙和塔楼之高、投掷器械数量之多，使得整个工程进展非常缓慢。工程延误还有一个原因，阿尔比基人频频出击，向我方围墙和塔楼扔木头火把。我军轻易挡开了这些投掷物，让攻击方遭受严重损失，把他们赶回到城里。

（3）同时，庞培已经派出卢契乌斯·那西狄乌斯率领一支 16 艘船的舰队，其中几艘船装有铜撞角，前来援助卢契乌斯·多米提乌斯和马西利亚人。库里奥始料未及，没有做任何防范，从而让那西狄乌斯穿过西西里海峡，驶进墨萨那港口。当地地方议会元老和指挥者们惊慌失措，四散逃离。那西狄乌斯从船厂夺去 1 艘船，编入自己的舰队，继续向马西利亚进发。他派出一些小船先行，前去通知多米提乌斯和马西利亚人他就要到了，并竭力敦促把他们的舰队和他带去的援军联合起来，再次跟布鲁图作战。

（4）前一次战争失利后【见第一卷第 58 节。——译者注】，马西利亚人将船厂的旧船补入舰队。他们费心修理妥当，配好装备，把大批舵手和划桨手安置上船；他们还增加了渔船，船上装上了盖板，以防划桨手被投掷物砸伤。他们所有的船上都布满了弓箭手和投石器械。舰队修整武装完备之后，在所有老人、母亲和年轻女子的眼泪和期望声中，在众人乞求他们挽救处于生死存亡关口的城市的哀号痛哭声中，士兵们怀着不逊于前一次战斗时的勇气和自信登上了船。人性有个共同的弱点，即见所未见、闻所未闻的事物会激起人们极大的信心或是极端的恐惧，这次就是如此。卢契乌斯·那西狄乌斯的到来让城民们充满乐观情绪，他们热切渴望胜利。顺风时，他们离开海港，前去陶里亚斯加入那西狄乌斯的舰队，那里是一处要塞。在那里，他们做好战斗准备，鼓舞士兵士气，决定再次战斗，并讨论了作战计划。马西利亚人守在战线右侧，那西狄乌斯守在左侧。

（5）布鲁图也匆匆赶到那里。他的舰队比以前壮大了，因为除了恺撒命令在阿雷拉特建造的船只，他又从马西利亚人那里俘获了 6 艘船。前些天，布鲁图已经将这些船维修并彻底武装一番。他勉励士兵鄙视那些曾是他们手下败将的敌人，敌军兵力尚未受损的时候就被他们击败了，何况现在。他率领部众满怀信心和勇气前去抗击敌人。从盖乌斯·特雷波尼乌斯的营地和所有高地可以很容易就俯瞰全城，看到所有到了入伍年龄但留守市镇的男子、所有年纪稍大的男人以及妇女儿童，看到他们如何在广场、瞭望台、城墙上向天空伸出双手，或是到神庙拜倒在众神塑像前，乞求战争的胜利。没有一个人不相信他们的命运就系于那天战斗的结果，因为所有最优秀的战士、各个年龄段极受尊敬的人都被征召入伍，他们响应作战号召，登上了战船。如果马西利亚人遭受严重失败，那么他们会发现，自己没有任何反抗的可能，哪怕是一次尝试；反之，如果马西利亚人获胜，便可以依赖自己的资源和外界的援助保全这座城市。

（6）战斗打响了，马西利亚人表现出无畏的勇气。他们还记得就在不久前人民给予他们的训诫，战斗一旦失败，他们将不再有机会。而且，他们认为，那些在战斗中冒着生命危险的人不过是比余下的市民先行一步，因为如果这座城市被攻陷，这些市民也会遭遇相同的战争厄运。我军战舰彼此渐渐拉开距离，这给了敌人机会，他们利用舵手的技术和船只的灵活性来克制我军。每逢我军抓住机会，用铁钩钩住他们的船只，他们就会从四面八方赶来营救遇到麻烦的战友。他们联合阿尔比基人，在肉搏战中表现出色，而且勇气也不逊于我方士兵。他们在远处的小船上投掷的石林箭雨，给我方士兵造成了很多意外伤害。敌人两艘三层桨座战船已经发现了德基穆斯·布鲁图的船，这从船上的舰旗就能很容易辨别出来，于是从不同方向朝它冲过去。但是布鲁图已经事先获得警报，马上强行将船向前开进，刚好抢在对方前面一步脱身。那两艘三层桨座战船却以极快的速度撞在一起，结果双双严重受损。而且，其中一艘因船头的喙嘴撞断正开始下沉。看到这种情况，布鲁图舰队距离这两艘受损严重的战船最近的几艘舰船开始攻击它们，片刻工夫就把两艘战船击沉了。

（7）然而，那西狄乌斯的船只却毫无用处，这些船很快就从战斗中撤走了，因为船员们既没有看到自己的家园，又没有亲友告诫和激励他们冒着生命危险参战。所以，这些船只没有损失一艘。马西利亚人的舰队有 5 艘被击沉，4 艘被俘获，还有 1 艘随那西狄乌斯的舰队逃走了，他们全部向近西班牙逃去。余下的舰船中有一艘被派回马西利亚传递消息。这艘船到港时，所有人都出城打听消息，听到这样的结果，他们都惊恐不安，似乎这座城市已落入敌军之手。不过，马西利亚人开始努力，为了保卫这座城市做着他们所有能做的事。

（8）修筑右侧围墙工事的军团士兵发现，如果他们能贴着城墙用砖建起一座塔楼，用作堡垒和庇护所，他们就能在抵抗敌人频繁的突击时得到充分的保护。最初，他们只是修了一座矮小的建筑，用以抵抗对方的突然袭击。他们后退时就进入该建筑；每当敌人发动异常猛烈的攻击时，他们就在这里进行防御；他们也在这里出发追击敌人。塔楼有 30 平方英尺【1 平方英尺＝ 0.093 平方米。——编者注】大小，墙体都有 5 英尺厚。但是后来，经验告诉他们，如果把这座塔楼建高一点儿，就会更有用。于是，他们就按以下方式建造。

（9）塔楼建到一层楼高时，他们将这一层的楼板嵌入墙壁，将架起楼板的木梁顶端藏在墙体砖块中间。这样一来，就没有部件伸出外面，不会被敌人的火把烧到。在这层原木结构上面，他们砌起四面砖墙，修到行障和隔栅能够防护的高度，再在这上面距离外墙内壁不远的地方交叉放上两根大梁，上面撑起木头盖顶，作为塔楼的屋顶。大梁顶部呈直角装上托梁，并用系梁钉牢。他们把这些托梁稍微做长一点儿，从外墙内部往上伸出，可以在上面挂上覆盖物，用以在修建该木质结构墙壁时避开和抵挡敌人的攻击。他们又在这座木头工事顶部覆上了砖头和黏土，以免敌人放火烧毁它。上面再铺上碎布垫子，以防投石机发射的标枪射穿原木，或是石弩掷出的石头打掉砖头。他们还用锚链做了三个4英尺宽、长度齐塔墙的挡帘，并将它们牢牢钉在一起，刚好挂在塔楼面对敌人的那三面。帘子就挂在托梁伸至外面的顶端。在别处积累的经验告诉他们，这种盖顶是任何投掷物或弩机都射不穿的。现在，既然建好的塔楼上面加了盖顶，能阻挡敌人所有投掷物的攻击，他们就把行障移到工事的其他部分，然后利用第一层铺的地板的杠杆作用，将塔楼的整个屋顶稳定住并举起来，一直升到挡帘遮盖允许的高度，此后躲在这些掩护罩下，他们继续用砖砌墙，并用杠杆把盖顶撬得更高点儿，留出空间进行修砌。到他们认为该铺第二层楼板的时候，他们继续采用相同的做法，将大梁嵌入内墙砖，外面用砖块防护，在铺的楼板上，他们又升高屋顶和挡帘。采用这种方式，他们安全地建起了六层塔楼，而且在修建过程中，还在适合弩炮发射投掷物的地方留下了洞眼。

（10）他们确信在这个塔楼里可以防护周围所有工事时，就开始用2平方英尺大小的木板建一个长60英尺的棚堡【一个长长的、两端开口的小棚，和上面第 2 节所说的"大圆盾"不一样。——译者注】，从塔楼一直延伸至敌人城墙的碉堡。棚堡结构如下：首先，将两根一样长的大梁放在地上，相距 4 英尺，上面竖起若干根 5 英尺高的柱子；然后，他们用木椽将这些柱子连在一起，形成小山墙，上面铺上原木盖住整个棚屋；再在顶部铺上 2 平方英尺大小的木板，并用铁搭和螺栓钉牢；再在棚堡顶部边缘和原木两端钉上约 3 英寸【1 英寸= 2.54 厘米。——编者注】见方的方形顶板，用来固定要铺到棚堡顶部的砖头。当棚堡的山墙修好并有条不紊地按照这种方式逐步搭建起来，原木也都置于木椽上了，他们用砖块和黏土将棚堡盖顶，以防御从城墙那里扔来的火把。砖块上面又铺了兽皮，防止水管喷出的水流到砖上冲蚀砖块。兽皮上面又铺上层层碎布，以免棚堡遭到燃烧物或是石头的损坏。他们在隔栅的掩护下，一直将整个工事修到城墙的碉堡那儿，然后趁敌人不备，他们在棚堡下面安上滚轴，把棚堡一直推到碉堡边，和碉堡并排而立。

（11）镇上居民对这突如其来的祸患感到惊恐不安，他们用杠杆把能推动的巨石都推上碉堡，再从碉堡边缘推下来，砸向棚堡。然而，棚堡抵住了撞击，所有落在棚堡山墙上的东西都滚落下去了。看到这一幕，居民们改变了战术，将塞满柴草和树枝的木桶点燃，从城墙上推倒，滑向棚堡。这些木桶滚落下来，落到棚堡侧边时，我军就用木杆和叉子将它们推开。同时，在棚堡下面，我军战士用铁撬棍将围成碉堡地基的石头一块块拆掉。我方一些士兵在塔楼上用弩炮和投石机攻击敌人，敌军被击退，离开城墙和碉堡，城墙就这样失去了防守。碉堡下面的城墙的几块大基石被拆掉了，碉堡突然部分坍塌，其余部分也开始从顶部倾斜。这让敌人大吃一惊，他们全部扔下武器，冲出城门，头上束着白色带子【扎在头上的白色羊毛带子，常常象征受到上帝保护。——译者注}，伸出双手向军官们和军队发出恳求。

（12）这一新情况让所有军事行动完全停止下来，士兵们纷纷离开战斗岗位，非常关切地过来打探情况。那些敌人来到我军军官和士兵面前，全部跪倒在他们脚下，乞求我军人员等恺撒来了再说。敌人说："我们看到自己的城市被攻占了，围城工事已经完成，碉堡也已经遭到破坏，因此我们放弃防御。当恺撒到来，如果我们不对他唯命是从，那么你们就马上洗劫我们的城市，不会遇到任何阻碍。如果碉堡彻底坍塌，就没什么可以阻挡你们的军队冲到城里去劫掠和毁灭这座城市。"诸如此类的恳求，可能只有在熟练的演说家那里才听得到。敌人唏嘘不已，沉痛地说出这些话来，意在引起我军同情。

（13）军官们被这番请求打动了，让士兵从围城工事上撤下。士兵们暂停围攻，只在工事上留了一个护卫队。出于同情心，他们双方订立了一份非正式休战协议，等着恺撒到来。无论对方城墙还是我方工事，都不再发射一石一矢，所有人都放松了履行义务的自觉性，似乎活儿都干完了。恺撒在信里殷殷叮嘱特雷波尼乌斯，不允许他武力攻占这座城市，以防我方士兵因受到这些人的蔑视以及长期艰辛劳动引起的种种情绪影响，从而怒火中烧，要杀掉对方所有达到参军年龄的男子。士兵们确实威胁要这样做，特雷波尼乌斯费了好大劲儿才阻止他们当时就冲进城内。他们为此愤怒不已，觉得这似乎是特雷波尼乌斯的过错，他们才不能占领这座城镇。

（14）然而，敌人做事却不讲信用，他们只不过是寻找玩欺诈、耍花招的时机罢了。几天之后，我军松懈下来，失去警惕：有些人离开了岗位，有些人在长期修筑围城工事的劳动后稍事休息，武器都放在一边掩盖了起来。就在这时，正午时分，敌人突然冲出城门，纵火点燃了我军的围城工事。一股强大的顺风使大火蔓延开来，以致围壁、隔栅、"龟背车"、塔楼以及投石机霎时燃烧起来，我军士兵还没来得及弄清怎么回事儿，一切就都焚毁了。这一突然打击刺激得我军士兵立刻采取行动，他们随手抓起能找到的武器，更多的士兵跑出营地支援他们。他们冲向逃跑的敌人，但是城墙上射出的箭林石雨阻止了他们追逐的脚步。同时，敌人在靠近城墙的地方重新集结，在那里纵火烧了棚堡和塔楼。由于敌人背信弃义，加之火势凶猛，数月来的工程顷刻间化为灰烬。第二天，马西利亚人试图故伎重演。他们借助同样的强风，凭借着更大的勇气，冲出来挑起战事，带着大量燃烧的木柴冲向另一边的塔楼和围壁。我方士兵吸取前一天的教训，现在已经做好防御准备，他们杀掉许多敌人，将剩下的敌人赶回到城里。

（15）特雷波尼乌斯开始重新筹备和复建那些遭到毁坏的围城工事，手下士兵的工作热情不断高涨，因为他们看到自己下大力气辛苦修筑的成果彻底倒塌，又想到停战协定遭到可耻的背叛，他们的勇敢成了别人的笑料，因而愤愤不平。这里根本没有留下任何材料可以收集起来建起一面围壁，因为马西利亚人领地周围很大一片地方上所有的原木都被砍倒并运走了。于是，他们开始使用一种前所未有的新方法开工建造围壁。他们建起两堵砖墙，壁厚 6 英尺，在两堵墙中间搭起一个原木盖顶，这个围壁和先前那道用原木堆起来的旧围壁宽度大体一致。在两堵砖墙之间的空隙里，或是木材需要加固的地方，他们都在两堵墙之间将多根木桩打进地里，并在这些木桩上支起横梁，以加固墙体。原木盖顶上覆着柳条编织品，并涂有灰泥黏土。士兵的头上有一个盖顶，左右各有一堵砖墙，前面有一道隔栅挡着，修建工事时不论需要什么，都能够安然无事地运过去。工程进展非常快，凭着士兵们良好的判断力和坚忍的品格，工事上次遭受的损失很快就得到了弥补。在围墙上适当的地方，他们还为自己留了几道门。

（16）敌人看到他们原本希望我方花大力气而且很长时间都不能修好的围壁工事，才几天工夫就完全修好了，他们再没有背信弃义的机会或突围而出的可能，也再没有办法用投石伤我士兵或纵火烧我工事。他们认识到，这座城市所有从陆地能够接近的部分都可以用围壁和塔楼的方式包围起来，这样一来，他们的阵地注定是守不住的。因为我方士兵几乎是把围壁建在他们的城墙上，近到可以直接用手扔石头。此外，由于我们距离他们太近，他们原本抱有无限希望的弩机根本派不上任何用场。而且，他们也明白，即使他们有机会在城墙和塔楼那里与我方士兵平等战斗，我军的英勇也是他们望尘莫及的。因此，他们又像前一次一样，前来乞降，并提出相同的条件。

　　（**17**）身在远西班牙的马库尔斯·瓦罗最初听到意大利发生的事，对庞培获胜的机会颇为怀疑，所以谈到恺撒时常常用非常友好的口气。他说因为自己和庞培有约在先，受命担任庞培的副将，所以自己必须履行职责，但是他和恺撒的友谊不会比他和庞培的浅。他知道一个身受委托的军官的职责，他也知道自己的实力，并深知整个行省对恺撒的爱戴之情。他说每一句话都持这一立场，但没有采取任何行动。但是后来，他知道恺撒被阻留在马西利亚，又听说佩特雷尤斯已经和阿弗拉尼乌斯会师，大量的辅助部队已经集合，整个近西班牙行省都是一条心；后来，他还听说伊莱尔达发生的事，即恺撒军队闹了粮荒。事实上，他是从阿弗拉尼乌斯详尽而夸张的信件叙述得知此事的。于是，他选择了庞培。

　　（**18**）他在整个远西班牙行省征兵，招满两个军团，还增加了大约30个辅助步兵小队。他积聚了大量粮食，一部分送给马西利亚人，一部分送给阿弗拉尼乌斯和佩特雷尤斯。他命令伽德斯人建造12艘战舰，再在希斯帕利斯另造几艘。他把赫丘利神庙中的金银珠宝首饰全部搬到伽德斯城，又从行省派出6支步兵小队，作为卫戍部队去那里守卫，并将掌管市镇的责任交给了罗马骑士盖乌斯·伽洛尼乌斯，此人也是多米提乌斯的朋友，多米提乌斯曾派他到该镇处理一处遗产。

所有武器，不管是私有财产还是公家财物，一律收缴到伽洛尼乌斯家里。瓦罗多次亲自组织公开集会，并在会上猛烈抨击恺撒。他频频在讲台上宣布恺撒已经打了好多次败仗，大批士兵已经抛弃了他，纷纷投奔阿弗拉尼乌斯，还说自己的这些消息都是通过可靠的信使从可靠人士那里得来的。这让行省的罗马市民惊恐不已。瓦罗迫使市民保证给他 1 800 万铜币、2 万磅银子和 1.2 万配克小麦，供政府公用。如果他断定哪一个团体对恺撒友好，就会对该团体强行施压，派兵驻守并对每个人进行审查。如果哪个人被指控曾对罗马表示不满，这个人的财产就会被充公。他强迫整个行省都宣誓效忠他和庞培。听到近西班牙发生的事情，他便为战争做了准备。他的作战计划仅仅是率领两个军团赶去伽德斯，将船只和所有粮食都存放在那里，因为他知道整个行省都站在恺撒一边。他觉得，伽德斯坐落在一座近海岛屿上，一旦他把粮食集中到岛上，并把船只也留在那里，要进行一场战争也不是难事。虽然有很多紧迫的理由催促恺撒返回意大利，但恺撒还是决定不留下任何属于西班牙战争的战火余烬，因为他明白庞培施予近西班牙行省极大的恩惠【见第一卷第 61 节。——译者注】，他在那里有相当多的故旧附庸。

（19）因此，恺撒派出两个军团，由保民官昆塔斯·卡西乌斯带领，赶去远西班牙，而他自己则率领 600 名骑兵长途跋涉前去那里。他还提前发去一则通告，选定一天，要所有部落的执政官和首领都到科尔杜巴和他会面。这则通告在全行省发布。到规定的日子，没有一个部落落下，都将各自的统治机构成员派到科尔杜巴，稍有声望的罗马公民都赶来了。同时，在科尔杜巴的罗马侨民组织主动关上城门对抗瓦罗，在塔楼和城墙设兵守卫，并将正巧到达那里、被称作"殖民地军"的两个步兵小队留下来，一起守卫该镇。大约同一时间，当时在全行省最强大的部落——卡尔穆的人民，也自动将原本由瓦罗安插在镇上大本营里的3支步兵小队的守备部队驱逐出城，并将城门关上。

（20）因此，瓦罗率领军团更加匆忙地赶路，想尽可能快地赶到伽德斯，以免他在路上或是渡海时去路被截断。整个行省都表现出对恺撒的大力支持和热烈拥护，瓦罗前行不远就收到来自伽德斯的急件，信上告知，恺撒的公告一到，伽德斯的当权派就同驻守当地的几个步兵小队的人民保民官们达成协议，赶走伽洛尼乌斯，将该镇和整个岛屿留给恺撒。决议甫出，他们就提醒伽洛尼乌斯，趁着还能安然脱身，赶紧自动离开伽德斯；如果他不走，他们就要采取行动。伽洛尼乌斯吓得弃伽德斯而去。得知这一消息后，瓦罗两个军团中的所谓"本土军团"【全部由行省居民组成。——译者注】从瓦罗营地弃旗而去。他们退到希斯帕利斯，在那里的公共集会广场和柱廊安营扎寨，没有造成任何破坏。罗马侨民组织极为认可他们的行动，所有侨民都热切地将士兵们接到自己家里。瓦罗被这些事完全吓蒙了，他改变行军线路，并派人前去传话，说他此番要去意大利，却被告知城门已关。他发现条条出路都被封死，于是派人去告诉恺撒，他愿意将自己这个军团移交给恺撒派来的人。恺撒派自己的堂侄赛克斯图斯·恺撒前去，命令瓦罗将军团交给他。瓦罗交出军团后来到科尔杜巴见恺撒，诚实汇报了公款账目，交出了自己的所有财产，并告知自己所有的船只和粮食的所在。

（**21**）恺撒在科尔杜巴举行了公共集会，对各界人士表示感谢：感谢罗马公民满怀热情地将市镇保留在他们自己手中；感谢西班牙人赶跑了守备军队；感谢伽德斯人民挫败了敌人的企图，坚持自己的独立；感谢那些来到这里充当守备军的军事保民官和百夫长，他们凭借自己的力量支持市镇居民做出了种种决定。恺撒免了罗马公民曾承诺给瓦罗上缴财库的款项，归还了因为言论太过自由而招致充公之祸的那些人的财产。他对某些组织团体和个人给予奖赏，还让其余人对未来充满希望。在科尔杜巴待了两天后，恺撒继续向伽德斯进发。在那里，他命令把所有从赫丘利神庙拿走并储放在一家私宅中的钱财和供品都送回神庙，任命昆塔斯·卡西乌斯掌管这个行省并指派给他四个军团。他自己带着瓦罗及其命令伽德斯人建造的船只，历经几天后抵达塔拉科。那里，差不多整个近西班牙行省的所有使者都在等待他莅临。和往常一样，他要么赏赐整个部落，要么赏赐个人，然后就离开塔拉科。他走陆路抵达纳波，又从那里赶到马西利亚。到马西利亚以后，他得知已经颁布了一部创设独裁官的法令，而他自己已被司法官马库尔斯·勒比杜斯提名为独裁官候选人。

（22）马西利亚人被各种灾难弄得疲惫不堪。粮食极度短缺，海军两次战败，屡屡突围又屡遭击退。此外，由于长期遭到堵截包围，加之饮食异常，一场瘟疫汹汹来袭。他们所有人仅靠陈年小米和腐烂大麦勉强维持生活，这些粮食是他们老早积存起来作为国家公粮储备以供应急之需的。有一座碉堡已被推倒，城墙大部分都被破坏。他们早已放弃等待其他行省或是军队赶来援救的希望，他们得知这些行省和军队都落入恺撒之手。于是，他们决定真正投降。但是，几天之前，卢契乌斯·多米提乌斯就知悉了马西利亚人的意图，他集结3艘船，其中2艘交给自己的党羽，他本人登上第三艘，一遇到暴风雨天气就出发离开。他被布鲁图派出去每天都在海港附近巡逻的船只发现了，这些船只起锚追过来。多米提乌斯所乘的船稳稳按照自己的路线逃离，借助暴风雨，不久就逃出了对方的视线。但是另外2艘船在遭遇恺撒船只时惊恐不已，逃回了海港。马西利亚人听从命令，将武器和弩炮交到城外，将船只驶离海港和船厂，并将财库里的钱币也交了出来。在这之后，恺撒饶了他们的性命。后来，恺撒留下两个军团驻守，其余人员派往意大利，他自己则动身赶往罗马。

第4章 •••••••••••••••••••••••••••••• **库里奥参战**

（23）大约同一时间，盖乌斯·库里奥正从西西里赶往阿非利加。他最开始就瞧不起普布利乌斯·阿提库斯·瓦鲁斯的兵力，只从恺撒交给他的四个军团中带上两个军团和 500 骑兵。舰船航行两天三夜后，驶进一个叫安奎拉里亚的港口，这里离克卢佩亚大约 22 英里，有一个方便夏季使用的泊位，被两块突出的陆岬环抱着。小卢契乌斯·恺撒带着 10 艘战舰，一直在克卢佩亚附近等着他到来。这 10 艘战舰自海盗战争【指公元前 67 年庞培剿灭地中海海盗的战争。——译者注】后一直搁浅在乌提卡，为了这次战争，普布利乌斯·阿提库斯已经将这些船修理过。但是，小卢契乌斯·恺撒看到库里奥的舰队规模庞大，备受惊吓，赶紧从公海逃走。他催促将自己所乘坐的三层桨座战船驶向最近的海岸，让它搁浅并留在那里，他本人则从陆地向哈德鲁墨图姆逃去，该市镇由盖乌斯·孔西狄乌斯·隆古斯率领一个军团的守备部队驻守。小卢契乌斯逃跑时，其余一同出战的舰船也都向哈德鲁墨图姆驶去。当时，财务官马尔基乌斯·鲁弗斯率领库里奥从西西里带来守卫运输船的 12 艘船前去追赶他。马尔基乌斯看到被抛弃在海滩上的那艘船，便用缆绳把它拖下水，带着它一起返回盖乌斯·库里奥那里。

（24）库里奥派马尔基乌斯带领舰队先行，提前到乌提卡去，他自己随后率领军队赶向那里。两天后，他们到达巴格拉达河。他将副将盖乌斯·卡尼尼乌斯·雷比卢斯和军团留在此地，自己带领骑兵继续前行，去侦察科涅利乌斯旧营，因为他们认为那地方非常适合扎营。那里有一道笔直的山脊，一直向前延伸到海里，两边都非常陡峭，而且崎岖不平，但面向乌提卡一侧有一个稍稍平缓的斜坡。如果直行，这里到乌提卡不过 1 英里多一点儿路程，但在两地之间还有一条溪流，海水顺着溪流涌进来，流了很长一段路，使周围很大一片都变成了沼泽。任何人想要避开沼泽，必须多绕行 6 英里才能到达市镇。

（25）仔细查看了这一地区，库里奥发现了瓦鲁斯的营地。它和城墙毗连，靠近被称作"沃尔门"的城门口，这地方拥有非常好的天然防御条件：一边是乌提卡市镇本身，另一边则被市镇前面一个剧院的庞大的路基占去，只留下一条狭窄难行的小道通向瓦鲁斯的营地。同时，他看到路上挤满了人，运着货物，赶着牲口。这些货物和牲口都是乌提卡人因为害怕这场突如其来的动乱而从乡村运往市镇的。库里奥派出骑兵攻击这些人，将他们的财物抢劫过来，作为自己的战利品。瓦鲁斯从城里派出 600 名努米底亚骑兵和 400 名步兵前去援助，他们都是几天前尤巴国王派到乌提卡的援军。尤巴和庞培家族有着很深的渊源【尤巴的父亲靠庞培的帮助才登上努米底亚的王位。——编者注】，却对库里奥怀恨在心，因为后者担任保民官时，曾提出一项议案，要没收尤巴的王国【这一议案是库里奥于公元前 50 年提出的，它意味着尤巴王国将成为罗马的一个行省。——译者注】。双方骑兵交战，努米底亚骑兵无法抵挡我军首轮的冲击，只好在损失大约 120 人后撤回营地。这时，战舰到了。库里奥命令对停靠在乌提卡附近的 200 多艘商船发布一则通告，任何人只要不立刻将船只开往科涅利乌斯旧营，都会被他当敌人看待。一听到通告内容，船主马上起锚离开乌提卡，驶向指定地点。这就保证了我方军队的各种供给十分充足。

（26）然后，库里奥回到他在巴格拉达河边的营地。那里，全军将士都在欢呼，称他为"凯旋将军"【最初这是获胜的将军麾下士兵对他欢呼时喊出的荣誉称号，表示他适合做这个指挥官。在帝国时代，它也构成帝王正式名称的一部分，是"帝王"这个单词的词源。——译者注】。次日，他领着军队赶去乌提卡，在市镇附近扎营。营地防御工事还没完工，守卫骑兵报告说，尤巴国王派出的大批骑兵和步兵援军就快到乌提卡了。同时，一大团灰尘映入眼帘，片刻工夫，队伍的前锋渐渐进入视线。敌方大批援军悄无声息的到来，让库里奥大吃一惊，他赶紧派出骑兵，迎头抵住第一轮进攻并拖住敌人，他自己马上将军团从防御工事那里撤下来，排好队形准备战斗。国王的士兵们一路行来毫无作战准备，也没有费神保持队列秩序，结果无法控制，一片混乱。还未等我军团士兵展开行动，他们就被赶跑了。这群皇家骑兵沿着海岸逃回了市镇，几乎没什么损失，但许多步兵在逃跑中丧生了。

（27）当天夜里，两个马尔西人百夫长带着 22 个人逃离库里奥的营地，投奔阿提库斯·瓦鲁斯。不知是他们对瓦鲁斯说了真话还是编造了他想听的话（因为我们期盼什么，我们就很乐意相信什么，自己有什么感觉，希望别人也有一样的感觉），不管怎样，他们对瓦鲁斯说，整个军队对库里奥心怀不满，如果瓦鲁斯能和军队面对面，给他们一个机会和他交谈，就会产生很大的作用。瓦鲁斯被说得动了心，第二天上午带领军团出了营。库里奥也一样。他们双方排好自己的队列，两军之间仅隔着一个狭窄的山谷。

（28）瓦鲁斯军中有个人叫塞克思提乌斯·昆提利乌斯·瓦鲁斯，他曾到过科菲纽姆。恺撒放他走后，他就到了阿非利加。现在，库里奥将恺撒先前在科菲纽姆接管的那些军团都带了过来。除了几个百夫长换了人，他们的军衔和军队编制都没变。趁着他们交谈的机会，昆提利乌斯就在库里奥伍前兜来兜去，恳求那些士兵不要忘了他们的宣誓，即他们曾对多米提乌斯和当时还是财务官的自己做出的效忠宣誓，恳求他们不要拿起武器对付曾和他们在一次围困中同命运、共患难的人，也不要为了那些辱骂他们是逃兵的人的利益参加战斗。他还用金钱奖赏做诱饵，如果他们跟随他和阿提库斯，他们就有望得到他的慷慨奖赏。对于他这番话，库里奥的军队没有做出任何回应，也没再发生什么，于是，双方将领将各自军队带回营地。

（29）但是，在库里奥营地，所有人都被深深的恐惧感包围着，这种恐惧感又因为传闻而加剧。实际上，当听别人的话时，每个人都凭空想象出更多的恐惧。一个提供消息的人将某种观点传到其他几个人那里，其他几个人又分别向别人传达，这样一来，对同一件事情的说法似乎就有了几个可靠的消息来源。这是一场内战，他们觉得自己有权想做什么就做什么，想拥护谁就拥护谁，并循着他们希望的看法讲给他人听。这些军团在不久前还站在敌人一方，经常被赏赐。即便是恺撒仁慈，也因为施舍太过频繁而失去了一些效果。他们来自不同市镇，被仓促地集合在一起，有些是马尔西人，有些是佩利尼人。前一夜离开自己营帐投奔另一边的就是这些士兵，兵营流传出各种让人不愉快的故事，各种让人半信半疑的说法。

（**30**）为此，库里奥召开一次紧急会议，开始讨论战役安排。有些人主张不惜一切代价，全力进攻瓦鲁斯的营地。因为他们相信，无事可做是最危险的。他们最后说，与其被自己人抛弃和背叛，遭受莫大的痛苦，倒不如在战争中展示勇气试试运气。其他人则认为，他们应该在半夜就撤到科涅利乌斯旧营去，给士兵们多点儿时间，让他们回心转意；此外，如果受到任何伤害，他们还能借助自己庞大的舰队从那里更快、更安全地撤回到西西里。

（**31**）库里奥对这两个计划都表示反对。他觉得一个太过胆小怯懦，另一个则有勇无谋；一个盘算着无耻逃跑，另一个则打算哪怕处于不利境地，也要背水一战。他说："我们有什么把握将一个既有很好的防御工事又处于非常有利地势的营地拿到手呢？如果我们蒙受巨大损失后再撤出战斗，我们能得到什么？你们应该知道，胜利为统帅们赢得士兵的亲善，而失败带给他们的却是士兵的憎恨。但是，如果我们移营而去，除了表示可耻的撤退和彻底放弃希望，从而让士兵更反感，还意味着什么？不要迫使任何一个有荣誉感的人怀疑他没有得到完全信任，因为这样会使他的热情减退；也不应让暴徒知道我们都怕他，因为我们的害怕只会让他更加放肆。现在，如果我们已经确定军队的不满情绪是真的——对此，我个人确定要么完全是误传，要么至少没有传言那么严重，那么，我们将它隐瞒下来，掩饰过去，总比我们用行动去证实它好吧。我们为什么不把军队骚乱的消息隐藏起来呢？这样就不会让敌人燃起希望了吗？甚至有人建议我们应该半夜逃走，我认为，这样一来，就给那些行为不端之辈大开方便之门了。因为这种不端行为常常受到畏惧心或是羞耻感的控制，而这些情感在黑暗的掩盖下却起不了多大作用。因此，我既不乐观地认为我们应该对营地发起一场无望取胜的攻击，也不胆小地完全放弃希望，我觉得我们应该尝试一切办法。我有信心，你们会发现我们的判断大体上是一致的。"

（32）散会后，库里奥又集合士兵们开会。他提醒士兵，在科菲纽姆，恺撒如何借助他们的热情，又如何因为他们的亲善和以身作则，赢得了意大利大部分地区的支持。他说："所有市镇纷纷效仿你们和你们的行动，这就是充分的理由。恺撒把你们当作最好的朋友，而他的敌人把你们想得很坏。庞培在战斗中没有失败过，击退他、把他赶出意大利，是你们采取的行动，它预示了今后将要发生的事。恺撒因为你们的忠诚，将我这个为他深深信任的朋友、西西里和阿非利加各行省都托付给了你们。没有了这些，罗马和意大利就无法得到防护。这里有些人怂恿你们抛弃我们，显然，他们的最大愿望是既背叛我们，又让你们背负滔天的罪名。这些人在愤怒中为你们指引方向。难道你们没有听说恺撒在西班牙取得节节胜利吗？他已经打垮两支军队，击败两个将军，接管两个行省，这一切都是恺撒在与敌人交锋的40天里做到的。那些在以前实力未受损时都无法抵抗恺撒的人，现在已是残兵败将，还有可能抵抗吗？你们追随恺撒时，胜负还未定；现在成败已成定局，在本该收获过去辛劳付出的回报时，反而要去追随失败者吗？他们说你们已经抛弃了他们，背叛了他们，他们还提到你们的第一次效忠宣誓。是你们真的抛弃了多米提乌斯，还是多米提乌斯抛弃了你们？难道不正是他抛弃了你们这些准备服从命运安排、为他付出的人吗？难道他没有企图瞒着你们自己逃跑求生吗？你们遭到他的背叛，难道不是因为恺撒的仁慈，才让你们保全性命的吗？你们的统帅自己扔掉权力的象征，也就是代表权威的束棒，抛弃自己的军队，成为孤家寡人，然后自己被俘、落入他人之手时，怎能要你们信守誓言？现在，他们交给你们的是一项前所未有的新义务，那就是你们应该不顾要遵守的誓言，而去固守那个因你们的将军投降致使你们丧失公民权而取消的誓言。

"但也有可能你们对恺撒表示信服，只是对我不满而已。我不想讲述我曾为你们做了多少事，这些还不是我想要做的全部事情，也比你们期望的要少。但是，士兵们总是从战争的结果中寻求自己劳动的报酬。这一结果将会如何，你们现在已经毫不怀疑了。真的，为什么我不提一提自己的责任心，或到目前为止我所拥有的好运气呢？我把军队安然无恙地带来，没有损失 1 艘船，对此，难道你们还有什么怨言吗？路上首次遭遇敌人，我就击退了敌人的舰队；我在两天之内的两次骑兵交锋中都取得了胜利；我将 200 艘满载货物的敌船劫出海港，从而剥夺了敌人无论从陆路还是海路获得供给的能力。你们现在难道要对这样的好运气、好统帅不屑一顾，而去选择耻辱的科菲纽姆、意大利、投降的西班牙以及可以预示战争结果的阿非利加吗？我真的宁可称自己是恺撒的一个士兵，但你们却欢呼我是'凯旋将军'。如果你们已经改变了主意，那我就把你们的礼物归还给你们，恢复我自己本来的称呼，以免看起来你们给了我荣誉，其实却是对我的一种侮辱。"

（**33**）这一番话让士兵们非常难过。就在库里奥讲话时，士兵们不停地打断他，他们似乎因为被怀疑不忠诚而感觉受伤。库里奥要离开会场时，全体士兵鼓励他大胆一点，毫不犹豫地参战，以测试他们的勇气和忠诚。既然库里奥打算转变士兵们的想法，那么在得到全体士兵的一致同意后，他决定一有机会就用战争解决问题。第二天，他率领士兵出营，把他们带到前一天占据的地方排好队列，准备战斗。瓦鲁斯也毫不犹豫地领出自己的士兵，以便不失去任何机会，要么收买我方士兵，要么占据有利地形。

（34）前面已经提到过，两支军队中间隔着一道山谷，山谷内崎岖难行，陡峭难爬。双方都在等待对方先过山谷，这样己方就可以占据有利地形作战。突然，普布利乌斯·阿提库斯左翼所有骑兵和骑兵中间的大量轻装步兵冲下了山谷。库里奥派出骑兵和两个步兵小队的马鲁基尼人前去应战。敌军骑兵没有抵住第一次攻击，勒马逃回己方军队一边，和他们一起投入进攻的那些轻装步兵被他们抛下，遭到我方士兵围攻。瓦鲁斯的所有士兵转过身来，看着他们逃跑和被杀。恺撒的一员副将雷比卢斯因为拥有丰富的作战经验，被库里奥从西西里带到这里来。这时，他说："库里奥，你看到敌人害怕了，为何还要犹豫，而不利用这个机会呢？"库里奥停顿了一下，让士兵记住他们前一天所表露的心迹，就命令他们跟着他，他自己首先冲了出去。在山谷行走非常艰难，前面的士兵没有下面的战友帮助，无法轻易爬上去。不过，阿提库斯的士兵被自己的恐惧、同伙的崩溃和看到的残杀吓呆了，丝毫没有反抗之心。他们都以为自己已经被骑兵包围，连一杆标枪都没顾得上投出，甚至我军还未走近，瓦鲁斯的整个军队便掉头逃跑，逃回了自己的营地。

（35）在这场追击行动中，库里奥军队里有个最低级的百夫长，一个名叫法比乌斯的佩利尼人。他追到了迅速撤退的队伍前面，开始四处寻找瓦鲁斯，大声叫着他的名字，就像是瓦鲁斯的士兵有事要告诉他一样。瓦鲁斯听到有人喊自己，就停下来问他是谁，想干什么。法比乌斯马上持剑朝着他袒露的胳膊砍去，差点儿要了他的命。但是瓦鲁斯举起盾牌挡开了这一击，得以逃生。法比乌斯随即被近旁的士兵包围并杀害。由于逃跑的士兵人数太多，又毫无秩序地乱作一团，挤在营地大门口，堵住了去路，因此，没有因战斗受伤却死在这里的士兵，比在真正的战场上或是撤退途中死亡的还要多，他们也差点被赶出己方营地。其中有些人直接冲进市镇。但是，自然地形和营地防御工事阻止了库里奥的士兵，他们未能进入对方营地，加上他们行军出来作战时没有随身携带任何可以袭击营地的武器装备，于是，库里奥领着士兵回营了。他唯一的伤亡损失人员就是法比乌斯，而敌人那边大约有600人被杀，1 000人受伤。库里奥离开时，对方所有受伤和其他很多假装受伤的士兵都吓得离开营地，撤到了镇里。瓦鲁斯看着这一切，意识到士兵已完全丧失斗志，因此，他只留下一个号手和几顶帐篷装样子，领着其余士兵在半夜悄悄进了城。

（36）第二天，库里奥开始修筑一道城墙围困乌提卡。乌提卡人长期生活于和平中，不知如何应付战争。居民们因恺撒曾给予他们一些好处而对他颇有好感。罗马侨民组织由各式各样的人物组成，而发生在眼前的战争引起了他们的恐慌。因此，他们都公开谈论投降的事，并劝说普布利乌斯·阿提库斯不要冥顽不化，坚持让大家陷入险境。这时，尤巴国王派来的先行使者到了，宣称尤巴国王正领着大部队赶来，鼓励他们守护和保卫这座城市。这一消息提振了低迷的士气。

（**37**）同样的消息也传到库里奥的耳朵里，但一时之间他无法相信，因为他对自己的各种资源非常有信心。此外，传来了恺撒在西班牙取得成功的消息。库里奥激动得不能自己，觉得尤巴国王不可能和他对着干。但是，当他得到可靠消息，得知国王的军队已经距乌提卡不到 25 英里时，他放弃了围困工事，退回科涅利乌斯旧营，开始在那里囤积粮食，给营地加固工事并收集原木。他又马不停蹄地给西西里另外两个军团和余下的骑兵发出命令，让他们马上赶到他这里。

这个旧营地是作战的最佳选择，因为营地位置得天独厚，防御工事坚固，而且离海近，能找到饮水和食盐，他们已经从附近采盐场里收集了大量的食盐。那里林木葱郁，不会缺乏木材；田地种满作物，也能保证粮食的充足供应。因此，库里奥得到所有士兵的一致认同，决定等到余下部队到达后，打一场持久战。

（**38**）当时，他从镇里逃出来的一些人那里听说由于边境发生战争，以及与勒普提斯人的恩怨纠纷，尤巴国王被召回国，在国内坐镇，只派了副将萨普拉率领一支中等规模的军队赶来乌提卡。他毫不怀疑这个说法，遂改变原定计划，决定向对方发出挑战。

他年轻无畏，之前的成功和必胜的信心促成他做出这个决定。于是，入夜时分，他派出所有骑兵朝巴格拉达河边的敌营赶去。正如前方传来的消息所说，那里由萨普拉指挥。不过，他不知道的是，尤巴国王率领他所有的士兵跟在后面，扎营的地方离萨普拉营地大约 6 英里远。库里奥的骑兵连夜赶路，出其不意地攻击了这些毫无戒心的努米底亚人。这些努米底亚人蛮族作风未改，扎营时并没有按照一定的阵形，而是四下分散开来，沉沉睡去。趁此机会，骑兵袭击了他们，杀死了一批敌人，余下很多人仓皇逃窜。袭击过后，他们带着俘虏返回库里奥那里。

（39）库里奥留下五个步兵小队看守营地，自己在凌晨近 3 点时率领其余士兵出发。大约向前行军 6 英里，他遇上了自己的骑兵，得知他们已经取得胜利。他问那些俘虏，是谁在巴格拉达营地指挥，回答说是萨普拉。他急切地想实现这次行军目的，竟没有再询问进一步的信息，而是看向离自己最近的部队，说道："伙计们，你们看，这些俘虏的说法和那些逃兵的说法多么一致啊。他们都说国王不在，只派来了一小股军队，连几个骑兵都招架不住。我们赶紧去赢得战利品和威名吧，这样我还可能马上开始考虑酬谢你们，给予你们应得的感谢。"

骑兵的功绩本身确实很引人注目，特别是以这么少的兵力和那么多努米底亚人进行对决。但是，人们一般会对自己的功绩夸夸其谈，这些人在叙述这次事件时，也不免添枝加叶一番。他们还炫耀夺来的大量战利品、俘虏和马匹，似乎再多耽搁一分钟，都是在推迟最后胜利的时间。库里奥的期许与士兵们的热情相呼应，他下令骑兵跟在后面，加快行军速度，意欲趁敌人还在仓皇逃窜时攻击他们。但是，骑兵一整晚都在奔劳，此时已经筋疲力尽了。他们无法保持齐步前进，只是在后面零零散散地跟着。但即使这样，也没有削弱库里奥的信心。

（**40**）尤巴接到萨普拉对夜里战事的报告后，派出 2 000 西班牙骑兵和高卢骑兵前去支援，这些骑兵一直在他身边担任贴身卫兵。他还派去了他最信任的那部分步兵，他自己则率领余下军队及 60 头大象慢慢跟在后面。萨普拉相信来袭的骑兵仅仅是先头部队，库里奥不久后就会到达，于是他将自己的骑兵和步兵布好队形，命令他们假装害怕，慢慢后退，他会在必要时发出战斗信号，看形势变化发出相应的命令。库里奥对形势的判断增强了他早些时候的信心，他认为敌人正在往后撤退，便领着自己的军队从地势较高的地方跑到平地上。

（**41**）库里奥带领部队走了很长一段路，大约走了 16 英里，军队累得疲惫不堪，于是他让士兵停止前进。

这时萨普拉向自己的士兵发出作战信号，他排列战队，开始在普通士兵中间奔走，鼓励他们。他暂时将步兵留在远处，仅仅让他们壮一壮声势，而将骑兵编进战队。库里奥随机应变，对士兵喊话，鼓舞他们的士气。尽管步兵已经疲惫不堪，尽管骑兵人数很少且已筋疲力尽，但他们都不缺乏作战的勇气和热情。但是，我方骑兵仅有 200 人，其余还在半路上，无论他们攻击敌人的什么位置，虽然都逼退了敌军，却无法将敌人逐出更远，也不能大力驱策自己的马匹。敌军开始从两个侧翼包围我军队列，从后面踩踏我方步兵。每当我方一些步兵小队离开队列冲出去，那些精神抖擞的努米底亚人就快速逃走，等到我方士兵一返回队伍中，这些努米底亚人就回来包围他们，隔断他们回到队伍的去路。这样一来，不论是立在原地保持队形，还是往前冲锋试试运气，我方士兵都不是很安全。

敌方兵力还在增加，因为国王派来的紧急援军到了。我军士兵太过疲劳而且元气大伤，加之我军全部被敌军分割包围起来，受伤的士兵既无法离开队列，也无法被送到安全场所。于是，他们都放弃了存活的希望，就像走到生命最后时刻的人，要么陷入自怨自艾的情绪中，要么发出请求：如果命运之神能将谁从这场凶险中救出去，就请他代为照顾其他亡者的亲属。一时间，恐惧和悲伤笼罩着整支队伍。

（42）库里奥看到士兵心生恐惧，意识到他不论是劝导还是恳求都不会有什么效果，因此断定在这种悲惨情况下，只有唯一一个安全的希望。他命令士兵全体行动，占领附近一座山冈，将军旗送到那里。萨普拉也将自己的骑兵派向那里，提前把他们拦下来了。

我们的士兵的确完全陷入绝望中。有些人在试图逃离时遭到敌军的杀害，其他人尽管没有受伤，也垮掉了。骑兵指挥官格奈乌斯·多米提乌斯带着几个骑兵聚集在库里奥周围，催促他逃命求生，退回营地去，并承诺他们也会和他在一起。但是，库里奥表明，他丧失了恺撒托付给他的军队后，绝无脸面再去见恺撒。于是，他继续战斗，直到牺牲。我方参战骑兵几乎无人幸免于难，但那些尾随在后的骑兵部队，在远处看到整支军队溃败，便安全撤回了营地，而步兵无一幸免，全部遇难。

（43）听到这个消息，库里奥留在营地的财务官马库斯·鲁弗斯鼓励士兵不要灰心丧气。这些士兵恳求他把他们送回西西里。他答应一定做到，命令船长们傍晚时让所有小艇靠岸。可是，大家都惊恐不已，有些人说尤巴的士兵就要到了，其他人说瓦鲁斯率领军团来追他们了，而且他们都能看见敌军迫近扬起的灰尘，尽管事实上这些都没有发生。还有人怀疑敌军舰队就要来袭击他们。于是，在一片恐慌之中，每个人都想尽力自保。那些身在舰船上的士兵匆匆把船开了出去。

供给船上的船长们看到他们逃离后，纷纷效仿，所以只有一小部分船只听从命令集合起来，执行任务。但是，岸边挤得水泄不通，很多人为谁该先上船争论不休，有些船因为船上人数太多，负载过重而被压沉。其他人唯恐这可能发生在自己身上，不敢靠得太近。

（**44**）结果，只有某些士兵和罗马公民，要么凭着个人关系和别人的怜悯心，要么游到远处后，成功登上了舰船，安全抵达西西里。余下的士兵当夜就派一些百夫长作为使者前去见瓦鲁斯，向他称降。

第二天，尤巴在市镇前面看到这些步兵小队的士兵，宣称他们是他的战利品，命令杀掉大多数降兵，只有少数几个人被他挑选出来带回自己的王国。瓦鲁斯抗议尤巴失信于他，但又不敢抵抗。尤巴自己骑马进入市镇，陪他一起的是大批元老，其中包括塞尔维乌斯·苏尔皮基乌斯和利基尼乌斯·达马西普斯。他只简单布置了一下在乌提卡要做什么事情，并发出相关命令，然后就带着全部士兵返回自己的王国了。

第三卷

伟大的对抗

第1章 ·····························庞培的战前准备

（1）恺撒以独裁官的身份主持了选举，他和普布利乌斯·塞维利乌斯双双当选为执政官。这一年，正好是恺撒可以被合法选举为执政官的年头。

由于整个意大利的信贷相当紧张，不再有人清偿债务，恺撒决定任命一些仲裁人，对债务人的动产、不动产以战前的价格做出评估，按评估后的价格偿还给债权人。他认为这样可以消除或减轻人们对全面取消战争或内乱时期的债务所带来的恐惧与担心，可以保持债务人的良好信誉。同时，通过大法官和平民保民官向公民大会建议，为一些在非常时期，即庞培在都城拥有一个军团作为卫队的时候，被"庞培法"判处贿赂罪的人平冤昭雪，恢复他们原来的权利。这些审判仅在一天内就完成了，由一批法官听取了证词、另一批法官表决一下就结案了。这些受贿的罪人，仅因为在内战爆发时曾经向恺撒表示，如果恺撒需要，他们愿意为他效力。恺撒认为，既然这些人曾表态投效自己，就应该把他们看成出过力的人。他决定，对这些人的平反也应该出自公民大会的决议，而非自己的善心恩典。他既不希望表现出在该报恩酬谢时却忘恩负义，也不愿被人们指责为傲慢不逊，僭夺了公民大会颁给恩赦的权力。

（2）恺撒完成上述工作，还主持了拉丁节祀典和选举活动，共花了 11 天时间。之后他卸任独裁官，离开都城，去了布隆迪西乌姆。他先前已经命令 12 个军团和所有骑兵都过来集结，但他发现即使满载挤紧，现有船只也仅能运送 1.5 万名军团官兵和 500 名骑兵。船只缺乏仅是导致恺撒不能迅速结束战争的因素之一。实际上，这些登船的部队人员也未满编，高卢战事已经伤亡了许多人，长途行军又损失了大量人员。离开气候宜人的高卢和西班牙地区，到达阿普利亚和布隆迪西乌姆附近时，当地糟糕的秋季气候严重影响了部队官兵的健康。

（3）庞培赢得了一整年无战事、不受敌人侵袭的时间。他积聚军力，从亚细亚和基克拉季斯群岛、科库拉、雅典、本都、比提尼亚、叙利亚、西里西亚、腓尼基和埃及等地征集了一支庞大的舰队，又让这些地方建造船只另外组建了一支庞大的舰队。他向亚细亚、叙利亚以及阿卡亚的所有国王、君主、地方首领、自由平民勒索了大批钱财，并强迫他所控制的几个实行包税制的行省上缴了大量钱财。

（4）他组建了九个由罗马公民组成的军团，其中五个来自意大利，一直跟随着他；一个来自西里西亚的老兵军团，由两个军团合建而成，因此也称为"孪生军团"；一个是从克里特和马其顿的退伍老兵中征集的，他们被原来的统帅遣散后定居在这些地区；两个来自亚细亚，是兰图鲁斯当执政官的时候组建的。此外，他还把大批从塞萨利、玻奥提亚、阿卡亚和伊庇鲁斯来的人，以补充人员的名义分配到各个军团。他在这些人中间安插进安东尼旧部【指属于马克·安东尼的哥哥，原属恺撒部下，被俘后投降庞培的盖乌斯·安东尼的军队。第二卷中恺撒没有提到的一件事情就是他在去西班牙的途中，由多拉贝拉指挥的一支海军中队在亚得里亚海遭到从达尔马提亚海岸赶来的庞培士兵的驱逐。盖乌斯·安东尼试图救援，但舰队被迫驶入科尔丘拉岛。一名军官向庞培军队告了密，盖乌斯·安东尼被迫带着 15 个步兵大队投降。——译者注】的一些人。

　　除此之外，他还盼望着西皮奥从叙利亚带来两个军团。他有
3 000 名来自克里特、拉克第梦、本都、叙利亚以及其他国家的弓箭手。
有两个小队的投石手，每小队 600 人。还有 7 000 名骑兵，这些骑兵
包括德约塔鲁斯带来的 600 名高卢人；阿里奥巴扎涅斯从卡帕多基亚
带来的 500 人；柯蒂斯从色雷斯送来同样数目的骑兵，还派来了他的
儿子萨达拉；来自马其顿的 200 人，由极为勇敢的拉斯基波利斯统
率；小庞培的舰队带来了 500 名来自伽比尼乌斯卫队的亚历山大人，
以及他从自己的奴隶和牧奴中召集的 800 人；塔孔达利乌斯·卡斯托
和多姆尼劳斯提供了 300 名高卢希腊人，他们一个自己带着部下，一
个派来了自己的儿子；还有 200 人由孔马格涅的安提库斯从叙利亚派
来，他们中间有很多人都是骑射手，庞培给了安提库斯巨额报酬。在
这些人中，庞培加进了一部分雇用的、一部分由自己利用权力和交情
弄来的达尔达尼人和贝西人，同样还有马其顿人、塞萨利人，以及来
自其他民族和国家的人，这样便凑齐了上述人数。

　　（5）他已经从塞萨利、亚细亚、埃及、克里特、昔兰尼以及其
他地区收集了极大一批粮食，他还下定决心在迪拉基乌姆【今阿尔巴尼亚
港口城市都拉斯。——译者注】、阿波洛尼亚以及所有沿海城镇过冬，以便阻
止恺撒渡海过来。为此他把自己的舰队全部分布到整个沿海地区。小
庞培负责埃及方面的舰队，德基穆斯·莱利乌斯和盖乌斯·特里阿里
乌斯负责亚细亚方面的舰队，盖乌斯·卡西乌斯负责叙利亚方面的舰
队，盖乌斯·马尔克鲁斯和盖乌斯·科波泥乌斯负责罗得岛方面的舰
队，斯克里博尼乌斯·利博和马库斯·屋大维则负责利布尼亚和阿卡
亚方面的舰队。整个沿海防务都交给了马库斯·比布卢斯【马库斯·卡尔普

尼乌斯·比布卢斯，加图的女婿，共和派领袖人物之一，具有他们那一派人的特征：顽固、傲慢却又无能。命运好像跟他们开玩笑似的，当恺撒在公元前65年任工务官时，他也正好担任工务官；恺撒在公元前62年担任司法官时，他又正好是司法官；恺撒在公元前59年担任执政官时，他又和恺撒一起担任执政官。在执政官任上，当恺撒提出他的土地法时，他在全体贵族共和派的喝彩声中和恺撒对抗，但恺撒不理睬他的否决，直接把提案交给公民大会通过。他只好从此闭门不出，宣布停止一切政治活动。恺撒不理会他这一套，照样进行工作。因此人们开玩笑地把这一年称为"尤利乌斯和恺撒执政的一年"。内战开始后，他随庞培东行。——译者注】，由他掌管全局，而最高军事指挥权则全部集中在庞培手里。

（**6**）恺撒一到布隆迪西乌姆，就向士兵们发表演讲："既然我们的辛苦和危险差不多到了尽头，你们可以安心将自己的奴隶和行李留在意大利；你们应该轻装上船，以便让更多的士兵上船。当我们赢得战争，胜利的果实将慷慨回报你们。"士兵们齐声高呼，请恺撒下达命令，恺撒下达的任何命令他们都会全心全意执行。1月4日，上述7个军团拔锚起航，次日即抵达伊庇鲁斯和马其顿王国之间的阿克瑟拉尼亚山旁。因为怀疑别的港口被敌人占领了，恺撒的军队就在一个叫作帕莱斯特的安静停泊处，毫发无损地登陆了。

第2章 ······················ 在伊庇鲁斯的谈判

（7）鲁莱克修·维斯皮洛和弥努基乌斯·鲁弗斯正奉德基穆斯·莱利乌斯的命令指挥18艘亚细亚舰船停靠在奥里库姆。但是他们没有信心冒险离开港口。马库斯·比布卢斯带着110艘舰船停靠在科库拉。当恺撒舰队靠近的消息传到该区域的时候，他们已经能从岸边看到恺撒的船只了，而他的所有舰船却未做好出航准备，水手们也分散各处，因此，比布卢斯不能快速出击。

（8）当所有的士兵登陆后，这些船只当晚就被恺撒遣回布隆迪西乌姆去接余下的军团和骑兵。恺撒指令副将孚菲乌斯·卡勒努斯负责该项工作，并要求尽快将军团运过来。但这些船离开太迟，错过了晚风，在返程中遭到了拦截。比布卢斯在科库拉已经收到恺撒到来的消息，他希望能拦截一部分满载的恺撒舰船，但当他追上这30多艘恺撒舰船时，这些船已经卸载一空。他下令将这些船全部烧掉，甚至烧死了船员和船长——他希望残酷的惩罚会吓退其他人。然后，他把舰船停在萨宋到库里库姆港之间的沿岸停泊处，极其细心地给每个岗亭配备士兵。虽然时值隆冬，他自己住在船上，不推卸任何任务或责任，也不指望援军相助，一心想着努力对付恺撒。

（9）利布尼亚的舰队离开伊里吕库姆后，马库斯·屋大维率领他的舰队到了萨洛那。在那里，他煽动达尔马提亚人和本地人，游说伊萨不要支持恺撒。不过他发现无论诺言还是威胁，都不能动摇罗马公民组织，于是他开始围攻这座城市。然而，这城市却被地势和周围的群山保护着。而且，罗马市民还快速搭造木塔，构建了更好的防御工事。但是人员短缺，罗马市民无力开展有效的抵抗。随着伤员越来越多，他们采取了比较极端的方式来获取帮助：释放了所有成年男性奴隶，将所有妇女的头发剪下来做弩机上的弓弦。屋大维看到他们抵抗的决心后，建造了5座营寨来包围该城，用封锁和攻击来打击他们。城里的人们已经做好忍受一切的准备，但粮食问题确实使他们苦恼不堪，他们派了一个使者到恺撒处寻求粮食援助，他们尽最大努力克服着其他困难。隔了很长一段时间后，长时间的封锁使屋大维的部队放松了警惕。城里被围困的人们趁庞培部众中午撤离城墙时，终于寻到一个突围的好时机。他们把孩子和妇女安置到城墙上，以免让敌人发现每天的日常工作忽然停了下来，他们和新近解放的奴隶们合力冲向离屋大维最近的一座营寨。他们猛烈攻击并占领营寨后，径直冲向第二座营寨，然后第三座、第四座……直到最后一座营寨。他们把庞培的所有部众赶出了营寨，并杀掉了一大批人，迫使其余的人连同屋大维一起逃上他们的战舰。此时，冬天就要来临【此处按罗马历法，季节有误，根据现在的历法，恺撒是1月起航的，也就是当时的11月。——译者注】，屋大维在遭受了重大的损失之后，决定放弃对萨洛那的围攻封锁，去迪拉基乌姆与庞培会合。

（**10**）从前述可知，庞培的工务总监卢契乌斯·维布利乌斯·鲁弗斯两次落入恺撒之手，一次在科菲纽姆，另一次在西班牙，但都被恺撒释放了。考虑到自己对他的宽容和恩惠，恺撒认为维布利乌斯是最适合带信给庞培的人。此外，他也知道维布利乌斯对庞培有一定的影响力。他带去的口信说道："我们两个应放下固执，放下武器，莫心存侥幸。我们已经饱受损害，应引以为戒，提醒我们对当今及未来的灾祸有所戒惧。你被逐出意大利，已经丢掉了西西里、撒丁尼亚和两个西班牙行省，在意大利和西班牙已损失了由罗马公民组成的130个小队。我方的库里奥牺牲了，阿非利加军队失败了，盖乌斯·安东尼和他的将士们在库里克塔岛投降了。因此，让我们为自己和罗马着想吧！我们遭受的损失已经足以证明命运的力量了。而今，我们都充满自信，看起来也势均力敌，因此这是最好的和平协商时机。如果命运在我们两人之中谁的身上稍稍偏袒一点，看起来略占上风，就不会接受和平条件，自信会赢得所有人，不会满足于和别人平分秋色。以前我们未达成和平协议，而今时机合适，我们应该到罗马向元老院和人民争取和平。如果我们立刻宣誓在三天内解散武装，我们的国家和人民一定会满意的。当我们解散了军队及作为后盾的盟军后，元老院和人民的决定也一定能让我们满意的。为了让你对这些建议更满意，我可以解散所有陆军。"

（11）在科库拉登陆后，维布利乌斯认为把恺撒突然到来的消息报告给庞培刻不容缓，这样可以让庞培在与恺撒讨论和平条款之前，采取适当的对策。因而为了尽早赶上庞培，向他报告恺撒正在奔他而来的路上，维布利乌斯日夜兼程。为了追求行军速度，他在每个市镇都更换坐骑。庞培这时正在坎达维亚，在从马其顿赶往阿波洛尼亚和迪拉基乌姆的冬营地的路上。新消息使他忧虑不安，于是他开始强行军，径直奔向阿波洛尼亚，以防恺撒占据那些沿海城镇。而恺撒的部队登陆后，在同一天就向奥里库姆进发了。当他们到达时，卢契乌

斯·托夸图斯奉庞培之命守卫着该城。他有一支帕提尼人的守备部队
驻扎该城。他下令关上城门，试图保卫该城。但当他命令希腊人拿起
武器登上城墙时，希腊人却拒绝与代表罗马人民权威的一方作战，居
民甚至准备主动迎接恺撒进城。援军无望，托夸图斯只得打开城门向
恺撒投降，把自己和这座城都交由恺撒处置。恺撒让他平安无恙地离
开了。

（**12**）占领奥里库姆后，恺撒毫不耽搁，继续向阿波洛尼亚进发。
该城的指挥官卢契乌斯·斯塔布里乌斯听到恺撒即将到来的消息后，
就开始向要塞运送饮用水、修筑防御工事、向阿波洛尼亚人勒索人质。
阿波洛尼亚人拒绝提供人质，他们甚至说既不愿把城门关起来对抗执
政官，也不愿意违背全体意大利和罗马人民的意愿，擅自做出相反的
抉择。当斯塔布里乌斯明白他们的意愿后，偷偷地逃出了阿波洛尼亚。
居民们派使者觐见恺撒，接他进城。彼利斯、阿曼提亚和邻近的其他
市镇以及整个伊庇鲁斯都效仿阿波洛尼亚人的做法，派使者觐见恺撒，
并许诺听从他的命令。

（**13**）然而，当庞培听到奥里库姆和阿波洛尼亚发生的事情后，
他为迪拉基乌姆感到担心，于是他日夜兼程，向迪拉基乌姆急行军。
与此同时，前方不断报告恺撒军队正紧随其后。庞培军队夜以继日地
匆忙行军，一刻不停歇。对恺撒的恐慌让伊庇鲁斯和邻近地区来的所
有士兵都擅离职守，甚至有许多人抛弃了自己的武器，这使得这次行
军看起来像是溃逃。庞培在靠近迪拉基乌姆的地方停下，命令扎营住
宿。鉴于军士们仍旧惊魂未定，拉比耶努斯第一个站出来，宣誓说绝
不抛弃庞培，不管命运带给他什么，他都会和庞培共同进退，生死与

共。其余的副将也说了同样的誓言，军团指挥官和百夫长们以及全部军队也都如此宣誓。

既然庞培已抢先占领通往迪拉基乌姆的路，恺撒于是停止急行军，在阿波洛尼亚人境内的阿普苏斯河边安营扎寨，以便那些对他友好的城市、有守卫的驻军、堡垒要塞和前沿哨所的安全能得到保障。他决定在此等候其余的军团从意大利赶来，并且在营寨里冬休。庞培也这样做，在阿普苏斯河的对面扎营，他把所有的军队和联盟军都带到那边。

（14）在布隆迪西乌姆，卡勒努斯按照恺撒命令，把所有的船都装上军团士兵和骑兵，起锚开航。他刚离开港口不远，就接到恺撒的急信，告诫他所有的港口和海岸都处于敌人舰队的控制之下。知晓此消息后，他立即召回所有船只，掉头返航。其中有一艘私人经营的船只，上面没有士兵，因而没执行卡勒努斯的命令，仍继续航行。船航行到奥里库姆时，被比布卢斯截获。比布卢斯将满腔仇恨发泄到船上的每一个人身上，不管是奴隶还是自由人，甚至是未成年人，通通被杀害。就在一瞬间，一个纯粹的巧合改变了全军的命运。

（15）如前所述，比布卢斯带着舰队离开奥里库姆在水面上游弋，让恺撒的舰队无法抵达港口和该片海域。但与此同时，他自己也被隔离在该地区的陆地之外，因为恺撒在整个沿岸都驻扎军队，控制着整个海岸线。因此，比布卢斯既没机会取得木柴和饮水，也没办法让他的船只靠岸停泊。一切必需品都极度匮乏，境况十分艰难，以至木柴、饮水也像其他给养那样，要靠船从科西拉运来。甚至在一次遇到风暴的时候，他们被迫到覆盖船只的皮革上面去收集夜间的露水。但是，他们还是耐心、安静地忍受着种种困难，他们坚信他们不能让海岸暴露，不能放弃港坞。

他们身陷我所讲的种种困难之中，但利博加入比布卢斯后，他们两人离开他们的船，与恺撒的军官马库斯·阿基利乌斯和斯塔提乌斯·穆尔库斯——一个主持守城、一个统率陆上的守军——进行了一次交谈。他们告诉这两位军官，如果给他们机会，他们有极重要的事情想和恺撒商谈。他们还特意多加了几句强调的话，表现出他们是想促成这一次和谈的。他们还请求在此期间休战。这一要求得到了同意，因为他们看起来能做些很重要的事情，恺撒的部将也知道恺撒非常渴望有一个解决方案。大家认为维布利乌斯的使命发挥了一些作用。

（16）此时，恺撒在科库拉对面的布特罗图姆市镇附近。他正带着一个军团出去筹集粮食，当时粮食非常短缺，还要去保卫内陆深处的那些城镇。在布特罗图姆，他从阿基利乌斯和穆尔库斯的信件中得知利博和比布卢斯的要求，他留下军团，自己返回奥里库姆。他到达时，利博和比布卢斯被召来商谈。利博来了，并为比布卢斯的缺席道歉，他说，因为比布卢斯性情十分急躁，而且在担任工务官和司法官时和恺撒结下过梁子，因此他回避这次会谈，免得他的急性子会妨碍这一件有极大希望和极大利益的事情。利博说无论现在还是过去，他一向都是迫切希望能放下武器休战、使事情得到解决的，但他在这件事情上无能为力，因为军事议会上做出的决定是把指挥战争的大权和其他一切事务都交给庞培的。现在，他们已经了解了恺撒的要求，他们将把这些信息传到庞培那边去，自己也会留下来继续协商。利博同时要求停战协定必须延续，直到使者从庞培那边回来为止，任何一方都不得伤害对方。此外，他还解释了他如此行事的缘由，为他的军队和联盟军说了一些辩护的话。

（**17**）对于利博后面的谈话，当时恺撒认为根本用不着给出什么答复，现在我们也不认为有足够的理由把它记录下来，留存后世。恺撒要求确保自己的使者到庞培处的行程安全，这件事要么由利博和比布卢斯来完成，要么另派使者，由他们把使者安全带抵庞培处。至于停战，现在战争表现为两个方面：庞培用舰队拦截他的船只和援军，他也就不让庞培舰队接近陆地获取饮水。如果他们希望他的封锁放松些，他们也必须在海军封锁上放松些。如果他们坚持不让，他也会同样坚持下去。即使双方都未解除封锁，和谈还是照样可以进行，这些事情绝不会妨碍和谈。利博既不接受恺撒的使者，也不保证他们的安全，而是把所有事情都推向庞培。他竭尽全力争取的事情只有一件，就是停战。当恺撒知道他的所有谈话只是想避免目前的危险和困境，也没真心提供什么和平条款时，就重新回过头来考虑进一步作战的问题。

（**18**）比布卢斯一连多日被阻止无法登陆，又感染风寒，积劳成疾，他既得不到治疗，又不愿放弃所背负的职责，终于被病魔压垮了。他死后，没有谁愿意接受总指挥的职务，大家认为各人指挥各人的舰队更合适。因恺撒的突然到来而引起的慌乱平息下来后，维布利乌斯自认为时机成熟，于是把利博、卢契乌斯·卢克尤斯以及狄奥法涅斯召集到一起，开始讨论恺撒的建议。他几乎还未谈及正题，就被庞培打断，不让他继续讲下去。庞培说："如果人家认为我之所以能够保有自己的性命和自己的公民权，是出于恺撒的恩赐，我还要它们做什么用呢？我是自愿离开意大利出来的，如果战争结束时，人家认为我是被带回到意大利的，我就再没办法改变人家的这种看法了。"恺撒是从参与这次谈话的人口中得知这些情形的，尽管如此，他还是努力想用别的方法来争取通过谈判实现和平。

（19）庞培与恺撒的营寨之间，只隔了一条阿普苏斯河，士兵们彼此之间经常进行交谈，谈话的人约定在这时候不向对方发射矢石。恺撒派他的副将普布利乌斯·瓦提尼乌斯到那条河的岸边去做一些可能促进和谈的事情，并命令他经常大声喊话：我们都是罗马公民，我们可以派两个使者坐到一起商讨和平——连比利牛斯山森林中的亡命者【这里指的是赛托里乌斯军队残部。——译者注】、海盗都拥有这项特权，难道公民与公民之间反而不可以吗？更何况这项特权的目的是设法避免公民们自相残杀。瓦提尼乌斯用祈求的口气说了许多话，这正是一个人在为自己、为大家的安全恳切呼吁时该用的那种口气，双方的士兵都静静地听着。对面的奥卢斯·瓦罗给予了回应，他承诺明天过来参加会谈，同时也要看看他们如何保证使者的安全，也阐述一下己方（保证使者安全的）情况，为此安排会谈的具体时间。次日双方到来时，都聚集了一大批人，他们对这件事都抱着很大的希望，看起来所有人都坚定要和平了。提图斯·拉比耶努斯从一大堆人里走出来，用一种傲慢的方式与瓦提尼乌斯开始了和平会谈，两人争论起来。突然间，他的高谈阔论被四面八方飞来的矢石打断了。拉比耶努斯在随从的盾牌掩护下躲开了，其他人却受伤了，包括科涅利乌斯·巴尔布斯、马库斯·普洛提乌斯、卢契乌斯·提布尔提乌斯，一些百夫长以及很多普通士兵。这时，拉比耶努斯大声说："既然如此，不要再谈和平协议了。除非把恺撒的头送过来，否则不可能有和平。"

第3章 ·····························意大利的麻烦

（**20**）就在那段时期，司法官马库斯·凯利乌斯在他公职任期刚开始时就出来为负债的人鸣不平。他把自己的公座置于都城司法官盖乌斯·特雷波尼乌斯椅子的下方，并许诺，如果有人对于依据恺撒在罗马时的仲裁法做出的产业估价和还债办法提出申诉，他将会给予帮助。但是，恺撒的仲裁法比较公平合理，特雷波尼乌斯执行时又宽厚人道，他认为在这种艰难时代，执行法律应该既仁慈又温和，所以竟无人提出申诉。因为只有一些典型的胆大妄为之人才可能把自己的贫穷当作借口，或对个人不幸、时代灾难进行抱怨，夸大出售产业物件的困难；而对于那些承认自己背负债务的普通人来讲，谁还会厚颜无耻地原封不动地保留自己的物产？因而，没有人提这样的要求，这就表明凯利乌斯比那些逃债的债务人更苛刻，更蛮不讲理。为了避免人们认为他这项丢人现眼的改革一无所成，凯利乌斯提出了一项物产议案，允许这些债务可延期在六年内偿还，并不计利息。

（**21**）由于执政官塞维利乌斯和其他地方法官的反对，凯利乌斯没有达到自己的预期目的。为了激发普通群众的热情，他放弃了自己早先的提议，提出另外两条法令提案：一是给房客免除一年房租，二是免除一切债务。特雷波尼乌斯遭到一群人围攻，并被赶下公座，还有几个人在争斗中受了伤。执政官塞维利乌斯在元老院提起这件事，元老院提议应该将凯利乌斯停职。根据这项裁决，执政官禁止他列席元老院，在他试图向公众发表演说时，又把他驱离讲坛。这一耻辱让他耿耿于怀，他表面上假装说自己要到恺撒那边去，暗地里却派人到杀死克劳狄乌斯并因此判罪的弥洛那边去。弥洛身边有一批角斗士，因此凯利乌斯想把他召回意大利，并与之联合，后又派他去图里伊地区煽动那里的牧奴【指大群的奴隶，他们中绝大多数人都更粗暴、更难管理。这些人被留在意大利南部和中部大片私有土地上照看牧群。他们住的棚屋像监狱一样，外面被高大的围墙包围着。——译者注】。凯利乌斯去了卡西利努姆，不过几乎在同一时期，准备把城市出卖给他的角斗士的行径在那不勒斯被揭发了，因而他的军旗和武器都在卡普亚被截留。由于卡普亚人已经识破他的计划，就把他挡在城门之外。当地的公民组织拿起武器，把他当敌人看待。于是，他放弃了先前的计划，改变行程去了别的地方。

（22）同时，弥洛向周围一些自治城镇派发信件，说明他所做的事情都是遵从庞培的嘱咐和命令，庞培的这些指示都是由维布利乌斯转告他的。他争取那些他认为已被债务逼得走投无路的人。当这些措施无效时，他又从地牢里释放了一些奴隶，着手围攻图里伊地区的科萨。在那里，当他试图召集当地镇上的居民、用钱收买恺撒守备部队中的高卢和西班牙骑士时，却被他们杀死。让官员们疲于应付、使意大利动荡不安的一场重大风暴的苗头，就这样既迅速又轻易地结束了。

第4章 ••••••••••••••••••安东尼受到层层阻击

（23）利博带领50艘船组成的舰队从奥里库姆出发，航行到布隆迪西乌姆，占领了正对港口的那座小岛。因为他觉得与其针对一整条海岸线和所有港口，倒不如在一处我军外出的必经之地实施封锁、监视更好。他突然到来，夺得一些运输船只然后放火烧掉，带走了一艘装载粮食的船，这在我军中引起了极大恐慌。夜里，他让士兵和弓箭手登陆上岸，袭击了我军骑兵守备的一个哨所。由于他所处的地形非常有利，获得了如此大的成功，因此他派人给庞培送信，说如果庞培同意，可以把他余下的船只都拖上岸进行维修，而他则率领自己的舰队阻止恺撒增派的援军前进。

（24）那时，安东尼正好在布隆迪西乌姆。他对自己的部下非常有信心，于是派出舰船上大约60艘小艇，在上面装上柳条编成的篱笆和屏障，安排精兵上艇，并将这些小艇分别布置在沿着海岸的许多地方；还命令他在布隆迪西乌姆建造的2艘三列桨舰向海港的隘口进发，仿佛是在操练桨手。利博注意到它们，派出5艘四列桨舰去拦截，希望切断他们的去路。当这5艘四列桨舰接近我方船只时，我们的老兵开始朝港口撤退，而庞培的士兵兴奋之际没有考虑谨慎就追了上去。突然，一声号令响起，安东尼的小艇突然从四面八方冲出来，向敌舰快速逼近。在第一次对决中，他们围住了一艘四列桨舰，上面的划船手和水兵全部被俘，逼得其他几艘敌舰都可耻地逃跑了。另一个令敌军忧虑的原因是，安东尼已经派骑兵驻守整条海岸线，这样一来庞培的舰队就无法取得饮水。这一困难，加之可耻的溃逃，让利博恼恨不已，只好离开布隆迪西乌姆，放弃对我军的封锁。

（25）这时，已经过去好几个月，冬天就快过去了。但是，船只和军团都还没有从布隆迪西乌姆出发到恺撒那里去。对恺撒而言，看情形似乎白白错过了好几个机会，因为常常遇到顺风的时候，他觉得他们肯定可以乘风起航。耽搁的时间越久，庞培各舰队的指挥官们布置的监视就越严密，他们就越有信心能将我军增援部队阻住。庞培频频写信激励他们，批评了他们一开始没能阻挡住恺撒渡海，又敦促他们阻挡住恺撒余下的军队。当时由于风力慢慢减缓，他们正期待航行一天比一天更困难的季节快到来。这一情形让恺撒万分焦急，他措辞严厉地写了一封信给在布隆迪西乌姆的部下，命令他们一旦遇上顺风，赶紧抓住机会起航，如果能控制航向，哪怕是航行到阿波洛尼亚附近的海岸，也要在那里登陆。因为庞培的军队不敢冒险航行到离海港太远的地方，那一片区域就是在船上能看到的最清楚的地方了。

（26）恺撒的士兵都鼓足了勇气，积极响应。在马克·安东尼和弗菲厄斯·卡勒努斯的指挥下，他们表达了自己的迫切心情，愿意面对一切危险驰援恺撒。他们趁着一阵南风起航，第二天就经过了阿波洛尼亚和迪拉基乌姆。当在陆地上已经能看到他们时，在迪拉基乌姆指挥罗得岛舰队的盖乌斯·科波尼乌斯带领自己的舰队出港迎击。风力减弱了，他们趁机赶快逼近我方舰队。突然，这阵南风更加迅猛，它救了我们一命。尽管如此，科波尼乌斯还是没有放弃努力，他怀抱希望，觉得水手们坚持不懈的努力一定能战胜无论多么猛烈的大风，哪怕我军已经顺风航行经过了迪拉基乌姆，他们仍然继续追赶着。我军尽管得到了命运之神的眷顾，但还是担心如果碰巧风力减弱便会遭到敌人舰队的攻击。当我军航行到离利苏斯大约 3 英里的一个叫水神殿的海港时，就把船停了进去。这个海港可以阻挡西南风，却不能阻挡南风，不过他们认为危险的大风总没有敌人的舰队危险。不料运气真是好到让人难以置信，他们一进海港，连刮了两天的南风突然转向，变成了西南风。

（**27**）这简直就是命运的突然逆转。刚刚还在担惊受怕的那些人，现在已被一个安全的港湾所庇护，而那些曾对我方舰队构成威胁的人，却不得不担心起自己的安危来。风暴保护了我们的舰队，却击毁了罗得岛的船只，致使总共 16 艘装有甲板的船只全部被撞得粉碎，沉入大海。船上的划桨手和水兵，一些撞死在岩石上，一些被我军拖上岸拉走。恺撒饶恕了所有被拖上岸的人，并送他们回家。

（**28**）我军 2 艘舰船由于航行速度比其他船只慢，在黑夜中与其他船只失去了联系，不知道其余的舰只在哪里靠岸，只好在利苏斯附近抛锚停航。掌管利苏斯的奥塔基利乌斯·克拉苏派出许多小划船和小艇，做好攻击他们的准备，同时对他们展开劝降活动，并承诺如果他们投降，就不伤害他们。这 2 艘舰船中，1 艘载有 220 名新征募军团的士兵，另 1 艘载有将近 200 名老兵。这一事件显示出人勇敢到什么程度可以保护自己。那些新征募的士兵，被对方船只数量吓蒙了，又被晕船折腾得精疲力竭，所以当得到对方不会伤害他们的保证后，就向对方投降了。他们全部被带到奥塔基利乌斯面前，奥塔基利乌斯却违背了誓言，将他们全部杀害。而那些同样经受风暴之苦、颠簸之苦的老兵们，却没有丧失他们一向的勇气。前半夜，他们通过假装谈判投降和讨论条件来拖延时间。然后，他们迫使船只搁浅，找到一个合适的地方后，在那里度过了后半夜。天刚一亮，奥塔基利乌斯就派出守卫那一部分海岸的400名骑兵以及重骑兵一起对付他们。这些老兵们奋勇自卫，杀死了一些敌人后，安全到达我方军队那里。

（29）同时，居住在利苏斯的罗马侨民组织允许安东尼进入这个市镇，还拿出各种各样的东西支援他。实际上，这个市镇以前就是由恺撒交给他们的，并为他们修筑了防御工事。奥塔基利乌斯担心自己的安危，逃出市镇，到庞培那里去了。安东尼的军队有三个老兵军团、一个新兵军团和800名骑兵，他让自己的士兵们通通登陆，然后将多数舰船派回意大利去接余下的士兵和骑兵。他把一种高卢的"平底长船"留在利苏斯，想着如果庞培认为意大利无人守卫，把军队突然调遣到那里去——在当时大家普遍都是这样认为的——那样恺撒就有办法追赶他。他迅速派出使者赶到恺撒那里，详细告知他自己的军队在哪里登陆，一共带了多少士兵。

（**30**）恺撒和庞培几乎是同一时间接到关于这事的汇报的，因为他们都看到了船经过阿波洛尼亚和迪拉基乌姆，并在陆地上追赶安东尼的船队。但前几天，恺撒和庞培不知道这些船驶向了哪里。一旦了解情况后，双方采取了不同的策略。恺撒的目的是尽快和安东尼的舰队会合，庞培却打算埋伏在安东尼前行的路上，如果可能，就杀他个措手不及。双方都在同一天从各自在阿普苏斯河边的营地带领自己的军队出发。庞培由于不需要渡河，行军没有任何障碍，于是通过强行军匆忙追赶安东尼的部队。当他得知安东尼离得不远的时候，就找到一个适合的地点，让军队在那里停下。为了不暴露行踪，庞培把所有士兵都留在营寨，不准他们点火。但这件事马上被一些希腊人报告给了安东尼，安东尼就派出信使赶到恺撒那里，自己在营地里待了一天。第二天，恺撒就到了。得知恺撒到来的消息，庞培为了避免被两支军队包围，就率领所有士兵撤离到迪拉基乌姆的市镇阿斯帕拉吉乌姆。在那里，他找到一个合适的地点安营扎寨。

（**31**）西皮奥在阿马努斯山周边遭遇一些挫败后，仍给自己冠上"凯旋将军"的称号，接着就向当地一些市镇和君主索要大笔金钱，强行要求自己行省的包税人交出前两年的欠款，并提前把下一年的费用也一并交上，还要求整个行省补给骑兵。这些都收集起来后，他就把在边界的敌人，即那些不久前杀死了马库斯·克拉苏将军、围困过马库斯·比布卢斯的帕提亚人抛在身后不管，领着军团和骑兵离开了叙利亚。这一行省早已处于极度恐惧中，害怕要和帕提亚人发生战争，人们也听到相当多的士兵说过，如果有人带头，他们就会去抗击敌人，但绝不会拿起武器反对任何一个公民和执政官。西皮奥却把他的军团带到了帕加马，把士兵们分散在最有钱的公民家中住下冬休。为了赢得他们的忠心，他给了他们大笔铜钱，让他们去劫掠各市镇。

（**32**）同时，他们以最残酷的敲诈方式，在全行省范围内强索税费【西皮奥担任总督的行省是叙利亚，而佩伽蒙位于亚细亚行省内，西皮奥本无权在亚细亚强征税收，他在该省的行为多少有些霸道，可能是他已经用某种形式诱惑亚细亚总督，说服后者同意他强索这些钱款。——译者注】。而且，他们想出各种花样来满足自己的贪欲，比如：向奴隶和自由民征收人头税，屋柱、门户、粮食、军队、武器、划船手、投石机、运输等都要征税，只要能找出一个名目，就能以此作为征税的正当理由。不光是城市，就连小村庄和单个的小堡垒中，都有一个手持军令的人，对这些人来说，越是极端残忍的行为越会为他们赢得好人、好公民的美誉。行省中到处都是副官随从，到处挤满了军官和征税员，他们除了强索要征收的钱款，还中饱私囊。他们宣称自己已经远离故土家园，所有生活必需品都缺乏，用如此貌似合理的借口来掩盖可耻的勒索行为。人们的另外一种痛苦是债务成倍增加，这是战争时期常常发生的，当手头所有的钱都有急用而无法缴税时，由此产生的利息和平时相比大幅攀升。在这种情况下，他们说哪怕往后延一天都算是恩赐了。因此，在这两年里，行省的债务成倍增加。尽管如此，行省的罗马公民也没能幸免，从独立的侨民组织到一个个市镇，都要征收定额数目的钱款，据他们称这些钱是奉元老院之命收来的借款，而且，像在叙利亚时那样，他们向包税人提前预支了下一年的税款。

（33）而且，西皮奥命令把很久以前就储存在伊弗所狄安娜神庙的钱款都取出来。他定下了一个取钱的日子。在一些他召集前来的元老级别人员的陪同下，他来到神庙。正在这时，庞培送来一封急信，信上说恺撒已经带着军团渡了海，命令他带着部队火速前去和庞培会合，其他一切从缓。于是他解散了所有召集的人员，开始准备向马其顿进军，几天后就出发了。这一变故倒是让伊弗所的钱财得以保全。

（34）和安东尼的军队会合后，恺撒下令撤走在奥里库姆守卫海岸线的军团。他觉得自己应该试探一下各行省的态度，才好进一步向前推进。因为塞萨利和埃托利亚的使者已经来到他这里，向他承诺，如果他要往他们那里派驻军队，那里的所有城镇都会听令于他。于是，他派一个新兵编成的军团，即第二十七军团，以及200名骑兵，进入塞萨利；又派盖乌斯·卡尔维西乌斯·萨比努斯带领五个步兵大队和少数骑兵进入埃托利亚。这些地区都与他离得不远，他就强烈要求这两个指挥官能够尽量保证他的粮食供应。他命令格奈乌斯·多米提乌斯·卡尔维努斯带两个军团，即第十一军团和第十二军团，以及 500 名骑兵，前往马其顿。在这个行省，享有"自由马其顿"称号那部分地区的统治者墨涅德摩斯作为使者被派来，保证他们所有人民都会热情支持恺撒。

（35）卡尔维西乌斯一到，就受到埃托利亚全体人最诚挚的接待。在驱逐了卡吕冬和诺帕克特斯两地的庞培守军后，他占领了整个埃托利亚地区。卡西乌斯带领军团到达塞萨利后，由于那里原本就有两派，他在不同派别中受到不同对待。一个得势已久、名叫赫杰萨雷托斯的人，支持庞培，而另一个出身显贵的青年佩特拉乌斯，竭力用自己及本派人的资源支持恺撒。

（36）同时，多米提乌斯也到了马其顿，各城镇的很多使者开始前来拜见他。这时，有消息传来，西皮奥带领军团已经近在眼前，这引起了广泛的猜测和谣传，因为在一般情况下，当意想不到的事情发生时，谣传往往比事实更严重。西皮奥没有在马其顿耽搁，就匆匆向多米提乌斯赶去。当距离多米提乌斯大约 20 英里时，他突然调头追赶在塞萨利的卡西乌斯·隆吉努斯。他行动如此迅速，以至他接近和已经到达的消息竟然同时传到。为了加速行军，他把军团的辎重留在马其顿和塞萨利之间的哈利亚克蒙河边，留下马库斯·法沃尼乌斯率领八个步兵大队的兵力守卫，并下令在那里建起一座堡垒。同时，惯于在塞萨利边境一带出没的科蒂斯国王的骑兵突然猛扑向卡西乌斯的营盘。卡西乌斯已经听说西皮奥兵临城下，一看到骑兵，还以为是西皮奥的军队，一时惊慌失措，向环绕塞萨利的群山逃去，再从那里向安布拉基亚进发。西皮奥正在加紧追赶时，马库斯·法沃尼乌斯突然送来一封急信，说多米提乌斯率领军团已经逼近，如果没有西皮奥的援助，他无法守住他们驻扎的那个地方。为此，西皮奥改变了主意和路线，放弃追赶卡西乌斯，匆匆赶回去援助法沃尼乌斯。他夜以继日地行军，正好在紧要关头赶到法沃尼乌斯那里。就在他的先遣部队的烟尘可以得见之时，恰好也是多米提乌斯军队出现的时候。因此，多米提乌斯的攻势救了卡西乌斯一命，而西皮奥的速度又救了法沃尼乌斯一命。

（37）西皮奥在哈利亚克蒙河附近的大本营停留了两天，这条河横亘在他的大本营和多米提乌斯的营地之间。第三天黎明时分，他领着军队渡河，安扎营地。在第四天上午，他在营盘前摆好阵势。此时多米提乌斯也认为应该毫不犹豫地出动，进行战斗。两个营地相距大约 6 英里，多米提乌斯带着自己的队伍一直前进，快到西皮奥的营盘时，西皮奥依然坚守他的堡垒不出击。多米提乌斯费了很大力气才制止了士兵，不让他们出手。但主要还是由于西皮奥营地下面的一条河两岸地形陡峭，阻碍了他们的前进。西皮奥看到对方士兵的战斗热情，觉得他次日要么违背自己意愿被迫交战，要么躲在营地不出击，不过那样会让自己脸面丢尽，毕竟他是怀着很大的希望才到这里的。夜里，他甚至没有给出拔营命令，就渡河回到原先出发的地方，在靠近河流的一处高地上安营扎寨。几天后，他趁夜晚在我军近日一直寻找草料的地方布下骑兵埋伏。当多米提乌斯手下的骑兵指挥官昆塔斯·瓦鲁斯依惯例找草料时，敌军突然从埋伏的地方冲了出来。我军英勇地抵抗，每个人都迅速回到自己的位置向敌人进攻。他们杀死了约 800 名敌人，余下的人都吓得四下逃窜，返回营地；多米提乌斯只损失了两个士兵。

（**38**）此事之后，多米提乌斯希望把西皮奥引出来决战，于是假装粮食短缺，不得不移营而去。他发出拔营信号，往前推进了 3 英里。在一处隐秘的地点，他让所有步兵和骑兵都藏匿在那里。西皮奥做好了追击的准备，他派出一大批骑兵先行，前去侦察多米提乌斯的行军路线。他们一路前行，就在领头的几个骑兵中队已经进入我军的埋伏地时，战马的嘶鸣声引起了他们的怀疑，于是他们开始掉头往回走。那些跟着他们的士兵看到他们突然掉头，都停了下来。既然我军埋伏已被发现，为了不白白浪费时间，就拦截住了敌军追上来的两个骑兵大队。敌军所有士兵要么被杀，要么被俘虏，只有敌军官马库斯·奥皮米乌斯一人逃脱。

第6章 ·································· 围困与反围困

（**39**）前面提到恺撒撤走了海岸的守军，然后，他在奥里库姆留下3个步兵小队保卫这个市镇，以及他从意大利跨海带到这里来的战舰。这一任命连同市镇都交给了副将马库斯·卡利努斯·阿基利乌斯，他带领舰船驶进市镇后面的内港，将它们停在岸边。他在内港出口处将一艘运输船沉入水下，将另一艘船固定在上面，又在它们上面修了一座塔，命令所有船只能从这里进出海港，而且派兵把守，要求他们保卫海港，不许任何意外发生。

（**40**）这一消息传到了庞培之子格奈乌斯的耳朵里，他当时担任埃及舰队的指挥官，得知此事后，他赶到奥里库姆，用很多根缆绳将沉船拖了起来。他还派出几艘船攻打阿基利乌斯派军驻守的船只。敌方舰船上都建有塔楼，和我方船上的一样高，这样他就占据了地形上的优势。他还不停地派人替换那些已经疲惫了的士兵。他还向市镇的城墙发起攻击，在陆地上用云梯，在海上利用舰队，目的是分散我军的兵力。最终，我军因体力不支、对手投石数量太多而败北，守船士兵最后都乘坐小艇逃跑了。格奈乌斯占领了这艘船。同时，他还占领了位于市镇另一侧一块天然形成的礁石，然后，他将滚轴置于4艘对排桨船下，用绞盘拖着它们穿过堤岸进入内港。这样，他就能从侧面对那些停在岸边的空战舰发动袭击。他夺取了4艘战舰，其余的都纵火烧掉了。做完这些事，他就把从亚细亚舰队撤回的德基穆斯·莱利乌斯留在那里，命其拦截从彼利斯和阿曼提亚运来的供给进入市镇，而他自己则前往利苏斯，攻击马克·安东尼停在海港内的 30 艘运输船，并将它们全部烧光。他企图大力猛攻利苏斯，但这个市镇有当地的罗马侨民组织和恺撒派到当地的守备部队保卫着，经过三天的鏖战，牺牲了一些士兵后，他未达目的就撤退了。

（41）恺撒获悉庞培在阿斯帕拉吉姆附近，他立马带着军队赶去那里。途中，他攻击了安息人的市镇，那里有庞培的一支守备部队。两天后，他到达庞培处，并在其附近扎营。第二天，他率领所有士兵，列阵以待，给庞培一个解决问题的机会。当他发现庞培原地按兵不动时，只好率兵回营，拿定主意要试试其他办法。翌日，他带领所有士兵出发前往迪拉基乌姆。他们绕了很大一个圈子，走过一条狭窄难行的小路，希望要么迫使庞培到迪拉基乌姆去，要么把他和这个市镇隔开，因为庞培早就将所有的粮食给养和战争物资积聚在那里。恺撒成功地将庞培和这个市镇隔断了，因为庞培最初没有意识到恺撒的打算，看到他从不同的方向离开，还以为他是因粮食短缺而被迫撤离。后来从侦察员那里得知了事实真相，于是庞培第二天就拔营出发，希望自己能抄近路赶在恺撒之前到达。恺撒对此早有预料，他鼓励自己的士兵振作起来战胜疲乏，夜里只短暂休息了一下。当他们早上赶到迪拉基乌姆时，远处庞培的军队先头部队刚好进入视线。然后，恺撒在此安营扎寨。

（42）庞培与迪拉基乌姆隔绝，他已无法实现提早到达的目标，于是采纳了备用计划。他在一处叫佩特拉的高地建起坚固的营寨，这里乘船很容易到达，而且能抵挡几个方向的风。他命令部分战舰在那里集合，并命令从亚细亚和其他受他控制的地区收集的粮食给养和食品也运到那里去。恺撒断定这场战争会拖很久，但他对从意大利获得给养不抱任何希望。庞培的军队占领了整条海岸线，而他自己的舰队还在西西里、高卢和意大利冬休，到这里来要花很长的时间。于是，他派出昆塔斯·提利乌斯和副将卢契乌斯·卡努勒乌斯去伊庇鲁斯筹集粮食。由于该地区距此相当远，于是他在一些地点建起谷仓，并将运输粮食的任务分配给了邻近的市镇。他还下令在利苏斯、安息人那里以及所有集市上搜集粮食，但数量还是很少。部分原因是乡村自然条件恶劣，这一地带崎岖多山，居民多数时候都是从别处购买粮食。还有一个原因是庞培早有预见，在前些天就洗劫了安息人。他对他们的房屋彻底搜查、掠夺一空，让骑兵将他们收集到的所有粮食全部运到佩特拉去了。

（**43**）得知这件事后，恺撒根据庞培营地周围崎岖山岭的地形特征，设计了一个策略。首先，恺撒派出兵力占领这些山岭，并在上面建起堡垒；然后，根据这些地形特征，他开始在两个堡垒之间修筑堑壕，将它们连起来，将庞培包围起来。恺撒考虑到自己粮食供应匮乏，而庞培拥有强大的骑兵兵力，他的目标是要减少军队运送粮食和给养时发生的危险；同时，还要阻止庞培获得饲料，让他的骑兵起不了任何作用；他还有第三个目标，就是要削弱庞培在外族人中相当高的威信，一旦庞培被恺撒封锁却不敢交战的消息传遍世界，这一目标就可以实现。

（**44**）庞培不愿离开海洋，因为军队的给养会通过船只运来；他也不愿离开迪拉基乌姆，因为他将所有的标枪、刀剑、盾牌、弩机等作战装备都存放在那里。但如果他不愿意战斗，他就无法阻止恺撒修筑堑壕，而他断定那时作战是下下策。万不得已，只有一个办法，即用自己的士兵尽可能占领最多的山岭，守住最广阔的区域，这样将尽可能分散恺撒的兵力。他这样做了。他建起24座堡垒，将方圆15英里的地方围了起来，得到了这一区域的饲料，还包括大片产粮地，短时间内他可以在这些地方放牧。于是，在我们的士兵将堑壕连接一个一个堡垒，不留一丝空间让庞培大军有机可乘并从后方攻击我们时，庞培大军也在我军将他们包围起来的区域，建起了一道连绵的堑壕，阻止我军入侵领地、包围后方军队。庞培大军的修建进度赶在了我军前面，因为他们人手更多，而他们的包围圈更小。庞培已拿定主意，不会把所有兵力都用来阻止恺撒修筑工事，从而卷入一场正规的战斗，不过无论恺撒想占领哪一处位置，庞培都派出数目庞大的弓箭手和投石手，这使我军很多士兵都受了伤，他们变得闻弓色变。后来他们用棉胎、拼布和兽皮为自己制作了短上衣和罩衣，以抵挡投掷物的袭击。

（45）敌我双方都在尽自己一切努力保持各自的战略地位。恺撒尽力将庞培限制在最小的范围内，庞培则尽力占据更多的高地，尽最大可能圈地。这样一来，双方冲突不断。在一次冲突中，当恺撒的第九军团占领了一处位置，开始修筑防御工事时，庞培就正对着这一位置附近占领了一个山头，开始阻碍我军修筑工事。由于进入我方所占位置的一边差不多是平地，庞培首先派弓箭手和投石手封锁这一位置，然后派出大批轻步兵，带上弩机，来阻挠我军修筑防御工事。我军既要自我防御，又要修筑工事，很难同时兼顾。恺撒看到自己的士兵四面受敌，命令他们撤离，放弃那一位置。撤离路线要走下一个斜坡，敌军越发激烈地紧逼我军，骚扰我军的撤退，因为我军似乎出于恐惧而放弃了这一处地方。据说在当时那种情况下，庞培向士兵夸口，如果恺撒的兵团能从他们冒失前进到的那处位置撤退不受重创，那大家就干脆称他无能将军好了。

（46）恺撒由于担心士兵们撤退时的安全，命令把围栅带到山头的边缘以抵挡敌人，并命令士兵在这些围栅的掩蔽下，在围栅后面挖出一道中等宽度的堑壕，弄出尽可能多的障碍物，他在适当的地方安置投石手，在士兵撤退时，投石为他们掩护。做好这些准备工作后，他命令军团撤离。其时，庞培大军开始更加傲慢、更加大胆地步步紧逼，追逐我军士兵，他们推倒了堑壕前面的围栅，以便跨过这些堑壕。恺撒看到这一切，唯恐自己的士兵看起来不像在撤离，而像溃败，从而导致更严重的挫败情绪。于是，等士兵撤到半路时，他让指挥那一军团的安东尼鼓励他们进攻，并下令让士兵向敌人冲击。第九军团的士兵突然一致行动，向敌人投出标枪，从稍低的地面向山坡上猛冲，快速驱赶庞培大军，迫使他们掉头就跑。在后退路上，直立的栅栏、植入地里的长杆以及未完工的堑壕严重阻碍了他们。而我方士兵则满意离去，伤亡不重。他们杀死一些敌军，自己只损失了五个士兵，圆满完成撤离，并占领了这一地点后面不远处的其他几个山头，修完了堑壕。

（47）这场战争，从堡垒数量之多、覆盖区域之广、堑壕之长、封锁工事的整个体系以及其他不同方面来说，都是新鲜而不寻常的。当一方尽力封锁另一方时，另一方不是已经被削弱了力量，就是在战斗中被打败，或因某种挫折而士气消沉，而自己这一方无论是骑兵还是步兵数量上都具有优势，封锁的动机往往是切断敌人的粮食给养。但是这一次，恺撒用相对薄弱的兵力包围了完好无损的生力大军。敌人各种物资供应充足，因为每天都有大量船只从四面八方赶来，运来给养，无论刮什么风，这些船总会在某一个方向是处于顺风的位置上。然而，恺撒却耗尽了所有可用的给养，经受极端的粮食短缺的折磨，他的士兵以非凡的忍耐力在忍受这一切，因为他们回想起前一年在西班牙，他们也经受了同样的折磨，但他们的努力和坚毅让他们最终赢得了那场伟大的战争。他们忆起在阿勒西亚所忍受的生活必需品的严重匮乏，在阿瓦里库姆更加艰难的生活，但他们还是成功地战胜了非常强大的部落。有大麦或蔬菜时，他们毫不拒绝；至于肉类，伊庇鲁斯那里有大量供应，他们极其珍惜。

（48）那些曾到过山谷的士兵还找到一种叫"轮藻"的植物的根，将它们和牛奶混合食用，大大缓解了他们对粮食的需求。他们把它做成类似面包的东西。这东西量很多，他们做成一条一条的面包的样子，当庞培的士兵谈起我军，嘲笑他们在忍受饥荒时，他们常常把这种大面包扔过去，打破他们的希望。

（49）这时，玉米开始成熟，这小小的希望有助于他们忍受饥饿，因为他们相信过不了多久，他们就会有大量的粮食供给。常常可以听到守卫的士兵们说，他们宁可以树皮为生，也不会让庞培逃出他们的手掌心。从一些逃兵那里听说，虽然庞培军队里骑兵的马匹还在，但其余的牲口都被杀掉了，这让他们很高兴。而且，士兵发现要挤在狭窄拥挤的空间里，忍受大量尸体散发的恶臭，以及每天都要干他们不习惯干的修筑工作，这严重影响了他们的身体健康。严重缺水也使他们的健康受损，恺撒将所有流向海洋的河流溪水要么分流，要么建起堤坝拦断。这一地区本就多山，山谷非常狭窄，形成峡谷，而恺撒把木桩打进地里，靠着木桩堆起泥土阻止水流通过。因此，庞培的军队被迫寻找地势低的沼泽地，并挖掘水井，这又给他们增加了更多苦活。还有一些泉眼离他们的碉堡很远，而且在炎热的气候下不久就干涸了。相反，恺撒的士兵非常健康，有充足的水源，除了谷物外，还有各种各样丰富的食品。当谷物成熟时，他们看到一个更加美好的时节日益临近，更大的希望呈现在他们面前。

（50）在这次新式的战役中，双方都在谋划新的作战方法。当庞培的士兵从燃起的火苗观察到我军士兵晚上睡在堡垒旁时，他们展开偷袭，向我军士兵齐发乱箭，然后迅速撤离。我方士兵学习他们这一经验，想出一个补救办法，即在其他地方点火……

（51）同时，奉命在恺撒不在时负责管理营地的普布利乌斯·苏拉，在得知此事后带领两个军团前来援助这个步兵小队。他们一到，就轻松地将庞培军队击退。敌人甚至看到我军冲来就毫无抵抗之力。一旦前面的队伍被击退，后面的士兵赶紧转身撤退。不过，当我军士兵要追赶时，苏拉把他们叫了回来，阻止他们追得过远。确实，很多人认为如果苏拉愿意更积极去追，说不定战争在那天就可以结束了。但他的决定似乎不该受到谴责，因为一个副将的职责和一个将军的职责是不一样的。一个不得不完全听令行事，另一个则独立做出重要决策。苏拉被恺撒留在营地，能解救己方的士兵，就非常满意了，他不愿意进行一次全面战斗，那样说不定会遇到难以预料的危险，而且还会让人觉得他篡夺了将军的权力。当时的情势给庞培军队撤退带来很大困难，因为他们从一个很不利的位置前进，停驻在一个小山顶。如果要从山坡撤下，他们担心我军可能从高一点的地方向他们紧逼。太阳快要下山了，他们很希望通过这一仗能让这场战争有个了结，把对抗持续到了日暮。情急之下，庞培无奈中只得选择占领了一个离我军很远，弩机发射的矢石也无法到达的小土丘。庞培占据那处位置，构筑防御工事，并将所有士兵都留在那里。

（**52**）与此同时，其他两处地方也发生了战斗。庞培先对我方几处碉堡发动袭击，以分散我军兵力，从而防止邻近守军派兵援助。在一处地点，沃尔卡提乌斯·图卢斯带领三个步兵小队击败一个军团。在另一处地点，日耳曼人攻击了我军防御工事，杀掉几个士兵后，全身而退。

（**53**）一天里发生了六次交锋，三次发生在迪拉基乌姆，三次发生在防御工事上【防御工事上发生的三次交战，第52节介绍了两次，第三次就是在第51节中介绍的那一次。有关这场交战的最开始的部分和在迪拉基乌姆交战的情况，本书没有介绍。第50节末尾有一部分内容缺失。恺撒在第58节提及前面的叙述，去往市镇的道路非常狭窄，但在原来的文本中没有出现。缺失的部分可能会介绍庞培意图通过派遣他的一些骑兵渡海强行打破恺撒的封锁，阿庇安提到恺撒率领一小队人马赶去迪拉基乌姆，希望劝说这个市镇背叛庞培，戴奥补充说他趁夜色赶去市镇，但是，在狭窄的通路上遭到埋伏、攻击，差点就无法逃脱。再回到防御工事的交战中，庞培向恺撒的一处碉堡发动大规模攻击，驻扎该处所的步兵营抵抗了四个小时，一直等到苏拉赶来。——译者注】。当清算这六场战斗的结果时，我们发现庞培的军队损失了大约2 000人，包括一些重新召回的老兵和百夫长，曾被指派担任亚细亚地方长官的瓦勒里乌斯·弗拉库斯的儿子也在其中，还有六面旗帜被抢走。我军在这些冲突中总共损失不到20人。不过，在碉堡里，所有士兵都受伤了，一个大队里四个百夫长失去了眼睛。我方士兵期望向恺撒证明他们付出的努力和曾遭遇的危险，于是捡起敌人射进碉堡的箭，在恺撒面前逐一数出来，大约有3万支，他们还把百夫长凯瓦的盾牌给他看，上面一共有120个洞。恺撒为了回报凯瓦对自己和国家的付出，奖给他20万铜币，并宣布把他从八级百夫长提升到首席百夫长，在很大程度上，正是由于他的努力才保住了这一要塞。后来，恺撒又大方地奖励了这个步兵大队双倍军饷、粮食、衣物和勋章。

（54）夜间，庞培又额外修筑了庞大的防御工事。接下来几天，他修建了塔楼，将防御工事建到15英尺高，用围栅将那部分营地保护起来。五天后，一个多云的夜晚，他趁机堵上营地所有的门，在门前放置了很多障碍物。半夜时分，他率领自己的士兵悄悄出发，回到他们原来的工事。

（55）从那时起的每一天，恺撒领着自己的士兵来到平地，排好队列，赌庞培是否愿意交战。他甚至将军团都带到了庞培营地的旁边，他的第一排战线就在庞培一方投掷的标枪或弩炮射击刚好够不到的地方。庞培为了保住自己的名声，也在营地前面摆好队列，不过，他的安排方式是第三排战线正好背靠防御土墙，这样，在全军的阵列拉开时，他就可以受到防御墙上掷下来的标枪的掩护。

（56）如前文所述【见第35节。——译者注】，卡西乌斯·隆吉努斯和卡尔维西乌斯·萨比努斯已经得到埃托利亚、阿卡纳尼亚和安菲洛基亚的归降，恺撒决定再往前推进一点，试图劝降阿卡亚。于是，他派弗菲乌斯·卡勒努斯前往那里，同行的还有萨比努斯和卡西乌斯以及他们的步兵营。听说他们要到的消息，被庞培派去镇守阿卡亚的卢提利乌斯·卢普斯开始在科林斯地峡修筑防御工事，不让弗菲乌斯进入。弗菲乌斯得到德尔斐、底比斯和奥科墨努斯这些市镇的自愿归降，又用武力攻下几座城市，还派出使者到其余市镇，尽力说服他们成为恺撒的朋友。弗菲乌斯就忙着做这些事。

（57）这些事发生时，据悉西皮奥已到达马其顿，恺撒派出他们双方的朋友奥卢斯·克劳狄乌斯到西皮奥那里去。恺撒在最初就是因西皮奥推荐才将克劳狄乌斯看作密友的。

他给了克劳狄乌斯一封信和一个口信，口信的大意如下：他已经用尽一切办法保卫和平，却什么都没得到解决。他认为这一切的错误都在于那些庞培选出来做这些事的事务官们，因为这些人唯恐在不恰当的时候将他的提议告诉庞培。现在，西皮奥有这么大的个人权力，不但能自由发表自己的意见，还能在很大程度上左右庞培，在庞培误入歧途时引导庞培；西皮奥还凭借自身的能力指挥一支军队，所以，在他个人的影响力之外，他还有力量实施强制。如果他能利用这种力量，那他会因

意大利局势得到缓解，各行省取得和平以及整个罗马帝国得到
救赎而赢得大家的好感。克劳狄乌斯带着口信去见西皮奥。

最初几天，西皮奥看起来很愿意听取他的意见，但接下
来的日子里，西皮奥就不允许他参与讨论了。战争结束后，
我们才了解到，当时法沃尼乌斯严厉训斥了西皮奥，所以克
劳狄乌斯没有完成恺撒交给他的使命就回到恺撒那里去了。

（58）为了更容易包围庞培在迪拉基乌姆附近的骑兵，
并阻止他们找到饲料，恺撒建造起庞大的防御工事拦断前面
提到过的两条通向市镇的狭窄通道，并在那里建起碉堡。几
天以后，庞培意识到自己的骑兵毫无用武之地，就用船将他
们运回到自己的防线之内。饲料极度匮乏，以致他们只能剥
下树叶或将芦苇的嫩根茎捣碎来喂马，因为他们已经消耗掉
自己防线内所有种植的谷物，不得不到科库拉和阿卡那尼
亚搬运饲料。由于供应减少，只能用大麦补充，马匹才能
活下去。但是，最终所有供应都开始缺乏，不仅是大麦、饲
料，甚至树上的树叶都没了，马饿得瘦骨嶙峋。庞培决定尝
试突围。

（**59**）恺撒骑兵中有一对阿洛布罗格斯族的兄弟，分别叫劳基卢斯和厄古斯，是担任部落首领多年的阿德布基卢斯的儿子。这两兄弟胆识过人，在高卢的历次战役中都表现出色。正因为这些原因，恺撒授予他们自己民族的最高行政官权力，让他们破例入选元老院，分给他们从敌人手中夺来的高卢土地，还赏给他们大量的钱财，让他们从穷人变成富有的人。他们的勇猛不仅赢得恺撒的敬重，也让他们在军队大受欢迎。

不过，愚蠢、野蛮的自负让他们忘形，他们开始瞧不起自己的族人，骗取骑兵的军饷，将所有战利品据为己有。所有骑兵对此极为生气，他们来到恺撒面前，控诉这两兄弟的恶行。他们还控诉，这两兄弟通过虚报骑兵人数吞掉一些士兵的军饷。

（**60**）恺撒认为当时还不是审理这一事件的合适时机，他们的英勇让恺撒原谅了他们，并将这件事拖了下来。恺撒私下责备他们不该克扣骑兵的军饷，告诉他们应该指望他的友谊给他们带来一切，并试图用他以前对他们的慷慨燃起他们对未来的希望。

但是，这些事让他们声名狼藉，所有人都蔑视他们，他们自己也有所察觉，不光是其他人的嘲弄，还有自己良心的审判。因此，受羞耻心驱使，又想到罪责可能不会免除，只是留待以后再惩罚，他们决定离开我军，去碰碰新的运气，交些新的朋友。他们说服自己的一些追随者与他们一起离开。正如战后我们才得知的那样，首先，他们试图杀死骑兵指挥官盖乌斯·沃卢塞努斯，以便逃去投奔庞培时表明他们支持庞培的心意。然而，这一计划看来很难实现，他们没有任何可以动手的机会。于是，他们就借了尽可能多的钱，表现得似乎想向战友赔罪，将自己吞掉的钱还回去。然后，他们买了大量的马匹，带着自己的同谋开了小差，去投奔庞培。

（61）他们出身贵族，有很多任命，又带着一大批随从，加之他们骁勇善战、受恺撒敬重，于是，庞培领着他们参观他的军队，向他们炫耀一番。而且，他们当逃兵是非常新奇且不同寻常的事，毕竟在此之前，不论是步兵还是骑兵，还没有一个人抛弃恺撒投靠庞培的，倒是几乎每天都有人弃庞培而投恺撒。事实上，伊庇鲁斯和埃托利亚征召的所有士兵都倾向于支持恺撒，现在整个地区都在恺撒的控制之中。不过，这两兄弟对一切都了如指掌。他们知道哪一部分防御工事没有修完，知道有军事经验的人可能发现哪里会有缺陷，他们早就观察过巡逻时间安排，不同位置之间的距离，了解不同哨所的官员的脾气和干劲不同而导致的哨所责任心的差异。所有这些他们都一一向庞培做了汇报。

（62）如前所述，庞培早就打算突围而出，得到这些信息后，他命令士兵用柳条编织头盔防护罩，并收集修建一座堡垒的材料。这些准备工作一做完，他在夜里让大批轻步兵和弓箭手带着所有材料登上小舢板和快艇。午夜刚过，他领着从主营地和前哨基地抽出的 60 个步兵营前往靠海最近但离恺撒营地最远的那一段防御工事。他把前面提到的装载轻装步兵和造堡垒的材料的船也派到那里，同时派去的还有他在迪拉基乌姆的那些战舰，并对每一个人发布指令。在这一部分防御工事附近，恺撒让财务官兰图鲁斯·马尔克利努斯率领第九军团驻守，因为马尔克利努斯患有病痛，他还派了弗维乌斯·波斯图穆斯前去协助。

（**63**）那里有一个 15 英尺宽的沟，正对敌人的方向有一道 10 英尺高的壁垒，堆筑这一壁垒的土方工程也是宽 10 英尺。大约 5 英里之外，又是一个壁垒，朝着相反的方向，没有前一个那么高。在前些天里，恺撒担心我军受到敌人舰队的包围，就在那里修起双重壁垒，其目的是在两面受到攻击时，我军能够进行抵抗。但是，由于他用防线围起来的圈子长达 17 英里，工事这样长，需要每天持续辛苦地干活，这让他没有机会完工。因此，他无法靠海建成一道横墙，将这两条壁垒防线连起来。

庞培从投奔他的阿洛布罗格斯族人那里得知了此事，这给我们的士兵带来了很大的麻烦。我方第九军团各队在海边露天蹲守，突然庞培军队在黎明的时候到来，同时，一些士兵乘船围过来，朝外层围墙投掷标枪、矢石，用泥土和断树枝填满壕沟。庞培军团士兵架起云梯，用弩机和各种投掷武器威胁我方防守内层壁垒的士兵，而且还有大批弓箭手从两面包围我军。此外，我军拥有的唯一投掷武器就是石头，但敌人头盔上的柳条防护罩很好地保护了他们。于是我军在各方面都将陷入最糟的境地，继续抵抗非常困难。这时，上面提到的防御工事上的缺陷暴露了，在两道壁垒之间工事还没有完成的地方，庞培的士兵登陆、安然渡水并从后面攻击我军，把我军逐出两座壁垒墙，迫使他们逃走。

（64）一接到这场混战的报告，马尔克利努斯马上从营地派出一些步兵营前去援助那些遇险的士兵，但这些步兵看到奔逃的士兵，既没有稳定他们的军心，自己也没经受住敌人的攻击。这样一来，援军受到那些惊慌逃窜的溃兵影响，只会觉得更加惊恐与危险，因为那里人数太多，撤离会受阻碍。

在这场战争中，一名扛军团鹰帜的旗手受了重伤，体力渐渐不支，看到我军骑兵时，他说道："多年以来，我一直忠实地守护着这面鹰帜，现在，在临死之前，我以同样的忠诚，将这面旗帜奉还给恺撒。我恳求你们，不要让我们军人的荣誉蒙羞，这在恺撒的军队里从不曾发生过，把它安全带回给他吧。"就这样碰巧让鹰帜保全下来，尽管第一步兵大队的所有百夫长们，只除了第二道防线上的前百夫长外都被杀害了。

（65）庞培在大肆屠杀我方士兵后，越来越逼近马尔克利努斯营地，这在剩下的各步兵营中引起相当程度的恐慌。距离这里最近的前哨驻守的马克·安东尼已得到消息，正率领 12 个步兵小队从高地下来。他的到来阻止了庞培的军队，给我方士兵以鼓励，使他们从惊恐中恢复过来。按照过去的习惯，惊魂稍定的士兵在碉堡上燃起烽火，从一处传至下一处，一直传到恺撒那里。于是不久，恺撒就亲自带着从前哨基地选出的一些步兵营来到这里。获悉我军失败，看到庞培已经冲破防线，并开始建营地以便在海边自由采集草料，还能乘船自由进入。既然已经无法实现原有的目标，恺撒决定改变策略，命令士兵在庞培所建营地旁边建起一座营地。

（66）营地建好后，恺撒的侦察人员注意到，敌军的一些步兵小队，看起来大约可以组成一个大队的兵力，在树林后面，正向旧营地进发。前几天，恺撒第九军团的士兵抗击庞培的军队，在庞培军队周围建起防御工事时，庞培军队就地建起一座营寨。这座营寨紧临一片树林，离海不过一百多米的距离。后来，由于某些原因，恺撒改变了计划，将营寨稍稍移远了一点。几天后，庞培占领了这片地方，因为他想在这里集结更多的军团，就放弃里面的壁垒，另建一道更宽的壁垒。这样，小一点的营寨包含在大一点的壁垒中，充当碉堡和大本营。而且，他还从营寨左侧一直延伸到河边修筑一道侧墙，长度大约不到250米，以便他的士兵能更自如地取水，不会遇到危险。但是，庞培也因为不值一提的理由改变了策略，离开了这一地点。因此，这一营寨就留在那里好几天，所有防御工事都完好无损。

（**67**）侦察人员向恺撒报告，一个军团的旗号已经转移到那里，从好几个碉堡观察到的情况证实了这件事。那一地方距离庞培新营地大概 350 米。恺撒希望能制服这一军团，也急切地想弥补那天我军遭受的损失，于是他在防线上留下两个步兵小队，假装还在修筑防御工事，他自己却尽可能隐蔽地率领其余的步兵小队，共计 33 个，包括已经损失了很多百夫长、士兵人数锐减的第九军团，排成两列，从一条支路奔向庞培较小的营地。他最初的推测没错，因为他在庞培发现他之前到达那里，尽管这个营地的防御工事很庞大，但他快速攻击了庞培的左翼，并将庞培的军队从堡垒上赶了下去。营寨的各个门都用鹿寨拦断。那里的战斗进行一小会儿后，我方士兵试图强行冲进去，但敌人却守卫着自己的营寨，特别是提图斯·普利奥奋勇抵抗，但是，我方士兵的英勇占了上风。劈开了鹿寨，他们先闯入大一点的营地，然后闯进那个碉堡似的小营地，被打垮的军团躲在那里避难。在战斗中，我军杀死了对方很多人。

（**68**）在战争中，命运的天秤稍微倾斜一下，就会带来巨大的逆转。这一次居然就发生了。恺撒右翼各步兵营不了解地形，沿着防御工事的防线行进，前面提到过这一防线从营地直通河流。他们还在一直寻找大门，以为这道工事就是营地的壁垒。当他们发现这道防线通向河流时，就推倒了这道没有任何人防御的屏障，横跨而过，我方所有骑兵紧随其后。

（**69**）相当长一段时间后，这一消息传到了庞培那里。他从防御工事中抽出五个军团，领着他们去援助他的士兵。在他的骑兵逼近我方骑兵的同时，他的军队战斗阵列也进入已经占领营地的我军视线内。一切事情瞬间转变。庞培的军团因救援马上赶来而欢呼鼓舞，开始尝试在营地后门抵抗，反守为攻，向我方士兵冲过去。恺撒的骑兵是沿堑壕从一条狭窄的通道上过来的，他们担心退路被堵，所以开始逃离。和左翼隔断的右翼，注意到了骑兵的恐慌，为了避免在工事里面被击败，他们也开始从缺口那里撤退。多数人都不管不顾地从 10 英尺高的壁垒上跳进堑壕，以免在狭窄的空间脱不了身。先跳下来的人受伤了，后面的人就踩在他们的身体上逃向安全之地。左翼的士兵看到庞培就在眼前，而他们自己的战友却在逃命，由于壁垒内外都是敌人，他们唯恐被困在这里，为了自保，他们开始沿来时的路往回退。现场一片混乱和恐慌，甚至当恺撒从奔逃的士兵手中抢过旗帜，命令他们停下来时，一些士兵仍然放马狂奔，继续逃跑，而其他人在惊慌中都弃军旗而逃，没有一个人停下来。

（**70**）当这些灾祸发生时，某些意想不到的细节将我军从全军覆没中解救出来。首先，我相信庞培害怕遭遇埋伏，因为当时情势完全出乎他的意料，就在不久前，他还看见自己的士兵从营地逃离，所以他有好一阵子都不敢靠近堑壕。其次，因为营门狭窄，这些门又被我军士兵拦断，骑兵在追击时受到妨碍。就这样，微不足道的小细节就产生了对双方都很重要的结果。比如，当庞培营寨已经被攻下时，那道从营地修筑到河边的防御工事阻止了已在恺撒掌握之中的胜利，但也是这道工事，让追兵放慢了速度，救了我方士兵的性命。

（**71**）在这一天里的两次战斗中，恺撒损失了 960 名士兵和一些有名的罗马骑士，如图提卡努斯·加卢斯（他是一个元老的儿子）、普拉肯提亚的盖乌斯·弗勒吉那斯、普特奥利的奥卢斯·格拉尼努斯、卡普亚的马库斯·萨克拉提维尔，以及 32 个军事保民官和百夫长。不过，这些人中绝大部分不是负伤战死的，而是在堑壕里、在河岸上，被自己的战友在惊慌失措的奔逃中踩踏致死的。32 面军旗也弄丢了。这次战斗后，庞培受到士兵称颂，士兵称他是"凯旋将军"。他接受了这一称号，后来还允许别人这样称呼他，但他从不习惯在信的开头使用它，也不会在他的束棒上刻上徽章。至于拉比耶努斯，他说服庞培将所有俘虏都交给他，然后他把他们全部拉出去，显而易见是为了炫耀，他嘴上称呼他们为"弟兄们"，却用侮辱性的语言问他们：是不是老兵有逃跑的习惯？然后当着所有人的面将他们杀死。他这样做就是为了争取庞培对他这个叛逃者的信任。

（**72**）这些事给庞培的军队注入了信心和元气，使他们不再关注战争的策略问题，而是认为他们事实上已经取胜了。他们没有反省，他们胜利的原因在于我方士兵人数太少，地形带来的困境，空间受限（原本营地都已被占领），我军对内外两面受攻的双重恐惧，以及我军被分成两半，彼此不能相互援助的事实。他们也没有进一步思考，双方并没有发生一场决定性的遭遇战，也没有发生一场正式的阵地战。我军受限于狭小的空间，在拥挤踩踏中自己造成的损失，超过敌人斩杀我军的数量。最后，他们没有回想战争中事情通常是怎样发生的，一些无足轻重的原因，比如虚假情报、突如其来的恐慌或是宗教上的顾忌，会带来怎样巨大的损失，多少次是因为指挥不力或是保民官的过失，军队才以失败告终的。他们所做的，就是通过口头传颂或是信件向全世界播报那天的胜利，好像他们全凭自己的勇气取胜，似乎不会再有命运的逆转。

（**73**）既然恺撒不得不放弃他早些时候的计划，他决定必须改变整个作战策略。因此，他突然撤走了所有守军，放弃了封锁。然后，他将所有士兵集合在一处地方，对他们做了一次演讲。他鼓励士兵们不要因为已经发生的事失去勇气，甚至感到恐惧，不要因为这一次挫折，还不是很严重的一次挫折，就抹杀了许许多多取得成功的战斗。

他说："感谢命运，我们没有流血伤亡就拥有了意大利，我们在西班牙两行省实现了和平，那里有最好战的人民、最富有实战经验的将领，邻近的各行省都尽在我们的掌握中，它们为我们提供粮食供给。最后，想一想我们多么幸运，因为当所有海港以及整个海岸都有大批敌军舰队出没时，我们从其间穿过，被安全地运送到这里。如果说，一件事没有顺利地发生，那我们就要借助自己的力量帮助命运之神。我们遭受的挫折，可以归因于任何人的过失，但绝不会是我的过失。我为战争选择了有利的地势，我占领了敌军的营地，我在战争中驱逐他们、战胜了他们。但是，不知道是你们的焦虑不安，还是哪里出了差错，或者是命运的安排，事实上已经胜券在握的我们就这样失去了获胜的机会。因此，你们必须用勇气来努力弥补我们遭受的损失。如果你们能做到，你们就会像在格尔戈维亚所发生的那样，将损失变成收益，而那些以前害怕战争的人也会挺身而战。"

（**74**）说完这番话，他接着斥责了几个小队的旗手，并将他们降了级。确实，由于这次挫折，整支军队都大为懊恼，都急切地想弥补军队的声誉，没有人需要保民官或百夫长的命令，每个人都比原来承担更繁重的劳动，作为对自己的惩罚。普通士兵一致渴望战斗，一些军官经过战略思考，认为应该待在原地发起挑战。但是，恺撒对于这群士气低落的士兵没有多少信心，认为应该给他们一点时间，好让他们恢复元气。而且由于他们放弃了防御工事，他此刻极度担心粮食的供应问题。

第8章 · **恺撒转移到塞萨利**

（75）因此，恺撒短暂停留，仅够照料一下伤病人员。天黑后，他让所有辎重车辆先行，悄悄从营地出发前往阿波洛尼亚，并命令大家赶完路才能停下休息。他还派出一个军团护送。安排好这些，他留下两个军团看守营地，命令其他士兵在天亮前从几个营寨大门出发，沿相同的路线前进。过了一小段时间后，他才发令拔营，因为这样既能保证军队的秩序，又可以让他的离开尽可能迟一点让人知道。他马上离开，赶上殿后部队，不久那片营地就看不见了。庞培得知他的计划后，片刻不曾耽搁，朝着同一方向开始追赶。庞培希望趁我军在行军途中深受行李拖累又担惊受怕之时赶上我军，就带着军队离开营地，派骑兵先行，拖住我军。但他却赶不上了，因为我军轻装行军，已经走得很远了。但是，当我军抵达格努苏斯河时，河岸陡峭，流水湍急，妨碍了行军速度，庞培的骑兵赶上我军殿后部队，挑起小规模战斗，拖住我军。恺撒派出自己的骑兵来和他们对抗，同行的还有400名轻装精兵。在骑兵交锋中，我方将敌军全部赶了回去，还杀死了很多人，自己毫发无损。

（**76**）赶完那天计划要走的全部路程，恺撒带领军队渡过格努苏斯河后，就在他以前修筑在正对着阿斯帕拉吉乌姆河的老营地宿营。他将所有士兵留在壁垒里，派骑兵出去找草料，命令他们快速从营后门归营。庞培则在他原先修建在阿斯帕拉吉乌姆河边附近的旧营里宿营。他没有要求士兵们修筑工事，因为原有防御工事都完好无损。于是，一些士兵出营去很远的地方寻找草料和木材，而其他人由于出发命令非常突然，一大部分行李和驮运牲口都没有随军，早些时候的营地离这里又不远，所以他们想冒险回去。他们将武器留在营地里，就离开了堑壕。这样就使得他们无法追赶我军。恺撒对此早有预料，大概正午时分，他就发出信号拔营出发，那天行军路程翻了一倍，他又往前行了大约8英里，而庞培由于士兵离开，无法追赶。

（**77**）第二天，恺撒依然天黑时派辎重先行，自己在天亮前离开。这样一来，如果真的不得不战斗，他就可以用一支没有辎重拖累的军队应付紧急战斗和突发情况。一连几天，他都是这样做的。尽管河水汹涌澎湃，行走非常艰难，恺撒的军队却并无损失。庞培第一天耽搁了，接下来的几天，他穷追猛赶，长途行军，急于赶上前方恺撒的军队，但他的努力是徒劳的，到第四天，他放弃追赶，决定采取其他作战方针。

（**78**）恺撒为了安置伤员、发放军饷、落实盟军、留置军队保卫一些市镇，必须得去一趟阿波洛尼亚。不过，他只给了自己刚够处理这些问题的时间。他担心庞培可能先赶到多米提乌斯那里，这一担忧驱策他全速赶到多米提乌斯那里。他的整个作战方针基于如下考虑：如果庞培沿着同一条路线行进，那么一旦他迫使庞培远离海洋、远离他早就储存在迪拉基乌姆的物资，并切断他的粮食和物资供应，那么他就能迫使庞培在同等条件下和他交战；如果庞培要穿过意大利，那么他就与多米提乌斯的军队联合起来，穿过伊里吕库姆去救援意大利；如果庞培试图攻打阿波洛尼亚和奥里库姆，将他完全阻隔在海岸线之外，那他就要围攻西皮奥，迫使庞培去救援自己这边的人。因此，恺撒派使者带信件先行至多米提乌斯处，信上指示他该怎么做。他留下一些守备军——在阿波洛尼亚留下四个步兵小队，在利苏斯留下一个，在奥里库姆留下三个，将那些战争中的伤残士兵在伊庇鲁斯和阿塔马尼亚的不同地方安顿好，然后开始行军。庞培对恺撒的意图做了一番推测，也断定自己应该迅速赶到西皮奥那里，如果恺撒朝那个方向进军，他就可以援助西皮奥；如果恺撒要等意大利的军团而不愿离开奥里库姆及海岸，那么他就用全部兵力攻打多米提乌斯。

（79）因为这些原因，他们两人都匆忙行军，都既想援助自己这方的士兵，又不愿错过击败对手的机会。但恺撒前番去阿波洛尼亚，绕了一个圈子；而庞培穿过坎达维亚，毫不费力就进入了马其顿。这时另一个意想不到的困难出现了，由于多米提乌斯几天来一直将营寨驻扎在西皮奥旁边，后为得到粮食给养，移营离开，赶往紧靠坎达维亚的赫拉克利亚，好像命运之神将他送到庞培手里去似的。而到那时为止，恺撒对此事毫不知情。同时，庞培向所有行省和市镇发出信件，将迪拉基乌姆遭遇战夸张地描述一番，与事实真相相悖，于是到处谣传恺撒已经溃败，几乎全军覆没，恺撒在逃。这些流言使恺撒的行军遭遇危险，好几个市镇背叛了他们与恺撒的友谊。结果，由恺撒派到多米提乌斯那里的士兵以及从多米提乌斯那里派出到恺撒这里来的士兵都完全无法走完路程。但是，一些阿洛布罗格斯族人，即前面提过的叛逃到庞培那边去的劳基卢斯和厄古斯的朋友，在路上见到一些多米提乌斯的侦察人员，不知是由于和这些人曾一起在高卢打过仗，还是由于虚荣心极度膨胀，竟把发生的一切都告诉了他们，还把恺撒的离开和庞培的到来都说给他们听。这些消息传到了多米提乌斯那里。多亏了这些敌人，他只有四个小时逃命，他要逃离危险。在进入塞萨利必经的小镇埃吉纽姆附近时，他遇见了正在行军的恺撒。

（80）他们会合后，恺撒赶去戈姆菲，这是从伊庇鲁斯进入塞萨利境内的第一个市镇。就在前几个月，这里的市民曾主动派出使者团到恺撒那里，表明他们所有的资源全部交由恺撒支配，并请求他派一支守备部队到这来。但是，前文提到的关于迪拉基乌姆之战夸大其实的谣言已经传到他们这里。因此，塞萨利的司法官安德罗斯特涅斯宁愿成为庞培胜利的拥护者，而不愿成为恺撒的患难之交，他将来自农村的一大批奴隶和自由民都集中在市镇，然而关上城门，派人送信给西皮奥和庞培，让他们前来援助。他说，假如援军可以很快来解救他，他就可以指望市镇的防御工事，但是经不起长期围攻。西皮奥在得知双方军队离开迪拉基乌姆后，已经带着自己的军团前往拉里萨了，而庞培离塞萨利还很远。

恺撒扎好营寨，命令做好云梯、棚屋，准备好围栅，马上攻城。

然后，他勉励士兵，告诉他们，占有一个储存充足的富裕城市，可以极大地缓解他们物资匮乏的状况，同时，还可以用这个城市来惩一儆百，给其他市镇以威慑，特别是在援助到来之前把这件事做好。于是，利用士兵们高涨的热情，在到达市镇的那天下午不到 3 点，他开始攻打这个市镇。尽管城墙很高，他还是在日落前攻下了它，之后把它交给士兵。然后，他马上从市镇移营而去，赶往墨特罗波利斯，在攻占戈姆菲的消息或是谣言传到那里前，他就到了。

（81）墨特罗波利斯人最初受同一谣言的影响，采取了同样的做法，他们关上城门，在城墙上安排武装士兵守卫，但后来他们从恺撒带到城墙下的一些俘虏口中得知了戈姆菲的命运，于是他们打开城门。恺撒小心保护市民不受伤害。于是，塞萨利其他市镇将墨特罗波利斯人的幸运和戈姆菲人的灾难两相比较后，再没有一个市镇不服从恺撒、不听从他的命令，除了拉里萨。拉里萨由西皮奥大量兵力控制着。在谷物差不多快成熟的时候，恺撒找到一个合适的地点，决定就在那里等待庞培的到来，并将那里作为所有军事行动的唯一场所。

（**82**）庞培几天后到达塞萨利。他向全军士兵发表演讲，感谢自己的士兵，鼓励西皮奥的士兵，既然胜利尽在掌握之中，那么就去赢得一份战利品和犒赏。他将所有的军团全部集合在一个营寨里，他和西皮奥都有行省总督称号，所以他们保持同样的身份和军衔。他命令在西皮奥的营帐前吹响号角，而为他自己搭起了另一个帅帐。因为两支大部队相结合，庞培的兵力增强了，于是每个人原有的看法得以改变，对胜利更加期待，似乎时间往后拖一点点就会耽误他们回意大利一样。无论任何时候，如果庞培行动特别迟缓或是有所斟酌，他们就会说这不过是需要他们一天就干完的事，而庞培只是贪恋指挥大权，要把前任执政官和前任司法官们当成他的奴隶一样使唤。他们已经公开打起口水战，争夺犒赏和祭司职位，还分配未来几年里的执政官职务，而一些人在索要恺撒营中之人的房屋和财产。在争论中，他们对是否允许被庞培派到帕提亚去的卢基利乌斯·希鲁斯在缺席的情况下参加下一次的司法官竞选有很大分歧。希鲁斯的朋友要求庞培保证会履行他在希鲁斯离开时做出的承诺，后者不会因轻信庞培个人的威信而上当。但是，其余的人却坚持，在所有人都经历了相同的艰苦和危险的地方，不允许一个人比其他人有优先权。

（**83**）对于恺撒的祭司职位问题，多米提乌斯、西皮奥和兰图鲁斯·斯平特尔天天都在争吵，而且已经发展到使用最恶毒的侮辱语言了。兰图鲁斯宣称自己德高望重，多米提乌斯夸耀自己在罗马深得人心、有威望，西皮奥则指望着凭他和庞培的亲戚关系多得点好处。阿库提乌斯·鲁弗斯甚至在庞培面前控诉卢契乌斯·阿弗兰尼乌斯曾在西班牙背叛军队。多米提乌斯在会上说，他的主张是战争结束后，每一个曾经参加过战争的元老都应该发三块牌子，用来对每一个留在罗马的人以及那些加入庞培的军队却没有积极参加军事行动的人判决投票用。第一块牌子用以投票给那些免于受罚的人，第二块是投给要被剥夺公民权的人，第三块是投给那些该被罚款的人。总之，每个人都忙着谋求显耀前程，或者得到金钱犒赏，或者了结私人恩怨，享受胜利成果，至于怎么去赢得战争，却不在考虑之列。

（84）恺撒保证了粮食供应，提升了士兵们的斗志，从迪拉基乌姆战事以后，充足的时间让他觉得他已经对士兵们的士气做出了恰当估计，现在，他必须弄清庞培的参战意图或是期望到底是什么。因此，他领兵出营，排列阵形，开始是在自己这一边，离庞培营地非常远，但接下来一连几天，他移出自己的营地，将防线推进到被庞培占领的那几座山丘的下面。这一策略激发了士兵的斗志。不过，对于骑兵来说，他们还是用前面提到过的战术。因为骑兵数量很少，恺撒命令从精选的旗下精兵中选出年轻的轻装步兵，特别是那些身手敏捷的人，混在骑兵中一同战斗。通过每天的训练，他们学会了这种战斗方式的技巧。这样训练的结果是，如果有需要，恺撒的1 000名骑兵能够在非常开阔的空地上，抵挡住7 000名庞培士兵的进攻，而不会由于人数的多寡引起太大的恐慌。事实上，就在那段日子里，恺撒的骑兵打了胜仗，杀了好些人，其中包括前面提到的叛逃到庞培那边去的两个阿洛布罗格斯族人中的一个。

（85）庞培的营寨驻扎在一个小山坡上，他总是把队列布在山口靠南的位置，好像总是在等着看恺撒会不会前进到一个不利的地形来决战。恺撒断定绝不可能引出庞培作战，便决定移营而去，一直不停地行军。他的目的是，通过不停转移，能更容易获得粮食供给；同时，在行军途中，也更有可能获得和敌人作战的机会，而且，通过每天行军，不能吃苦耐劳的庞培军队已经被耗得精疲力竭。做出这一决定后，恺撒给出拔营信号，帐篷也已经拆除，突然他注意到庞培的战线一反常态，离开壁垒那里，往前推进了一点，这样看来，他们就可能在作战时处于有利位置上。于是，就在军队已经穿过营寨大门时，恺撒对士兵们说："正如我们一直渴望的那样，我们必须暂时推迟行军，考虑战斗。让我们准备好投入战斗吧，今后可不容易再找到另一个作战机会了。"然后，他快速率兵出击，轻装上阵。

（86）庞培也在所有士兵的坚持下决定要通过战争一决胜负。实际上，在前几天的战事会议上，他甚至说过，两军交手之前，他就可以赶跑恺撒的军队。多数人对此大为惊讶，他说："我知道我的承诺让你们难以置信，但听听我的作战计划，这样你们此番前去参加战斗时，信心会更足一些。我已经和骑兵商量过，当敌军距离相当近时，骑兵前去攻打他们暴露出的右侧翼，从后面包围敌人队列，在我方没有投出标枪之前，就打乱他们的阵脚，让他们溃不成军。骑兵们已答应这样做。这样一来，我们就不会给军团带来任何危险，几乎不伤一兵一卒地结束战斗。由于我方骑兵具有优势，这样做并不难。"他勉励他们也要从精神上对即将发生的事做好准备，既然他们渴望的战斗机会就在近前，那就不要辜负其他人的期望。

（**87**）拉比耶努斯接着他的话说下去，他贬低恺撒的军队，极力吹捧庞培的计划。他说："不要认为这就是征服高卢和日耳曼的那支军队。我参加过所有战争，对自己一无所知的东西，我不会未经思考就乱说，原来那支军队留下来的只有一小部分，一多半人都死了，这是这么多场战斗的必然结果。意大利秋天的那场疫病又夺走了很多士兵的性命，很多人回家了，还有很多人留在了意大利。你们难道没有听说过，步兵大队是由那些因病留下待在布隆迪西乌姆的人组成的吗？你们看到的这些达到兵员定额的军队是由过去几年从山南高卢征召的人组成的，他们中很多人都来自山南高卢人的殖民地。此外，这支军队拥有的所有精锐也都阵亡在迪拉基乌姆的两场战斗中。"然后，他发誓说，如不取胜，他绝不再回到营寨，他还催促其他人也这样做。庞培赞扬了他，并发下相同的誓言，其余人没有一个犹豫不愿宣誓的。宣誓之后，每个人都充满喜悦和希望，他们已经在心里预计胜利，因为在他们看来，一位经验如此丰富的将军在这么重大的事情上做出的保证绝不会有误。

（**88**）当恺撒靠近庞培的军队时，他发现庞培阵列安排如下：在左翼的是动乱一开始时恺撒根据元老院的决议交出的两个军团，它们一个被称为第一军团，另一个被称为第三军团【在恺撒手中时，它们分别被称作

第六军团和第七军团。——译者注】，庞培自己也在这里；西皮奥率领他从叙利

-。—注-----

亚带来的军团守住战线中央；从西里西亚来的军团和前面提到的阿弗拉尼乌斯带来的一些西班牙步兵小队联合在一起，被安置在右翼。庞培觉得这些都是他最强的军队。他将剩下的安置在中间和两翼之间，共110个步兵小队。庞培兵团共4.5万人，再加上大约2 000名兵役期满的老兵，这些老兵来自早期军队中的特遣兵团，现在又来加入他的军队。庞培将所有人分散在整条战线上。余下七个步兵大队，他已经安排去驻守营地以及附近的堡垒。他的右翼有两岸都很陡峭的厄尼普斯河流的保护，所以他把所有骑兵、弓箭手和投石手都安置在左翼。

（89）恺撒保持了先前的队列：将第十军团安置在右翼。尽管在迪拉基乌姆战斗中，第九军团人数大大减少，但他们还是被安置在左翼。不过他将第八军团加入其中，将两个军团合成了一个，他命令他们相互配合。他将80个步兵小队安置在队形中，总共2.2万人。他另留了两个步兵小队守卫营地。他让安东尼指挥左翼，苏拉指挥右翼，格奈乌斯·多米提乌斯指挥中央，他自己正对着庞培站着，观察着对方的阵列部署。他担心自己的右翼可能被庞培大批骑兵所包围，于是赶紧从第三线每一个军团抽出一个步兵大队，让他们形成第四线，将其安置在敌人骑兵对面。他给出指示，并提醒他们，这天要胜利就靠这些步兵大队的英勇作战了。他还告知第三线和全军，没有他的命令，不许冲出去。他说当他希望他们这样做时，会用红旗发出信号的。

（90）根据老习惯，他对士兵们做战前动员演说，他提起士兵们一直以来都帮了他的大忙。首先，他可以向士兵们证明，他曾经多么真诚地寻求和平，他曾试图通过和瓦提尼乌斯面谈，并通过奥卢斯·克

劳狄乌斯和西皮奥进行谈判，他也曾在奥里库姆为派使者的事和利博争论过；他从来不愿让自己的军队遭受杀戮，他也不愿让国家丧失两支军队中的任何一支。讲完这番话，在满腔热情的军队士兵的坚持下，他用号角吹响号令。

（91）恺撒军队里有一个叫克拉斯提努斯的留用老兵，前一年在他服役期间曾是第十军团的首席百夫长，他异常英勇。当号令一发出，他就说："跟我来吧，那些曾和我同一小队的兄弟们，你们早就发誓要为将军效力，拿出勇气来吧。只剩下这一场战争了，战争过后，他就会恢复他的地位，我们也就恢复自由了。"他又看着恺撒说："将军，无论是死是活，今天我都将获得你的感激之情。"话一说完，他就第一个从右翼冲了出去，后面紧跟着大约120名来自同一百人队的志愿者精兵。

（92）两支军队之间，刚好留有足够空间让他们推进、交战。但是，庞培已经告知手下等着恺撒先来攻击，不要从各自位置上移开，以免队列被拆分。据说他这样做是听了盖乌斯·特里阿里乌斯的劝告，目的是破坏敌人第一次冲击的威力，并拉长他们的队列，这样一来，他自己的士兵仍然保持队形，就能够趁对方分散的时候攻击他们。他还想到，发射投掷武器时，如果士兵站着不动，那么落下的标枪就会比他们往前冲时造成的伤害小。而且这样一来，恺撒的士兵就得跑两倍的距离，那他们必定气喘吁吁、精疲力竭。但在我们看来，他这么做似乎没有充分的理由，因为每一个人心里都有因渴望战斗而点燃的热情和天生锐气。对此，将军们应该鼓励，而不应该抑制。而且，从古代开始就有的惯例是双方开战要发出号令，全军士兵提高声音呐喊助威，这不是毫无用处的，人们相信这既可以恐吓敌人，又可以让自己人受到鼓舞。

（**93**）我军信号一发出，士兵们就将标枪对准敌人。但他们注意到庞培的士兵没有出来迎战，多亏以前战争中的实际经验和训练，他们停止向前冲，在大半路上停了下来，以免疲惫不堪地跑到敌人跟前。休息片刻后，他们重新冲出去，并扔出标枪，然后如恺撒命令的那样，迅速抽出剑来。庞培的军队也确实没有错过这一时机。他们坚决抵抗密集的标枪袭击，抵挡住了军团的攻击。他们保持队列，扔出标枪，然后也拔出剑来。同时，也正如计划的那样，全部骑兵从庞培左翼往前冲出去，一整群弓箭手也冲了出去。我方骑兵没能抵挡住对方的猛攻，他们被驱离所在的位置，稍稍往后退了一点。于是，庞培的士兵更加猛烈地压了过来，并以小队包围了我军暴露的侧翼。看到这里，恺撒对他由各单独的步兵大队组成的第四线发出号令，他们高举旗帜，快速向前冲，以极大的冲击力攻向庞培的骑兵，让对方无人能守住阵脚，全都转过身去，不仅仅是后撤，而是一路狂奔，逃向山顶。敌军这一撤退，所有弓箭手和投石手暴露出来，他们手无寸铁，又没有任何保护，这些人全部被歼灭。就在这场冲击中，趁庞培军队还在战斗，左翼还在负隅抵抗时，恺撒的这些步兵大队包围了他们，并从后面进行了攻击。

（**94**）直到那时恺撒还没有任何动作，安守自己阵列的第三线向前推进。这样一来，完好无损的生力军替下了体力不支的士兵，其他人还在从后面攻击，庞培的军队抵挡不住了，全都掉头逃走。恺撒的想法没错，正如他在鼓励士兵时所说的那样，胜利将源于那些安置在第四线抵抗敌人骑兵的步兵大队，正是由于他们，敌人骑兵首先被击退；由于他们，敌军投石手和弓箭手才遭到歼灭；由于他们，庞培的左翼被包围并开始溃败。当庞培看到自己的骑兵溃逃时，看到他最信赖的那部分士兵惊恐万状，他对余下的士兵没有了信心，赶紧逃离了战场，策马径直冲回营地，对留守在执政官门口的百夫长们大声说："看好营地，如果有什么厄运，全力以赴保卫它。我去其他大门查看一下，摸清营地的守卫。"话一说完，他就走向自己的帐篷，他怀疑自己是否还有机会成功，只能等待结果的降临。

（95）庞培的军队在后退中被撵回壁垒，恺撒认为不应该给他们缓解恐慌情绪的时间，于是鼓励手下利用命运之神的慷慨眷顾，猛攻敌人的营地。尽管当时天气极其炎热，但所有士兵乐意忍受任何辛苦，听他命令。在庞培的营盘，留守的各步兵大队积极保卫，那些色雷斯人和当地的辅助部队更是拼死防御。那些从战场上逃回来的士兵又恐惧又疲惫，多数人扔下手中的武器和军旗，想继续逃跑，而不是保卫营地。实际上，那些在堡垒上占据防守位置的士兵也已无法抵住我军密集投射的枪林石雨，承受不住身体的累累伤痕，他们放弃了抵抗，在百夫长和军事保民官的带领下，逃向营地附近的山头。

（96）在庞培的营地里，有人造的凉棚，陈设着分量很重的银质餐具，帐篷里铺满了新鲜的草皮，卢契乌斯·兰图鲁斯和其他一些人的帐篷上则覆盖着常青藤，还有其他很多东西可以表明他们奢侈的享受和对胜利的过度自信。不难判断，他们对那天的战斗结果毫不担心。他们为自己设法弄到这些不必要的物质享受，还嘲弄恺撒备受苦难却耐心忍受的士兵，尽管他们总是缺乏各种必需品，还说他们很放纵。

这时我方士兵已冲入堡垒内部，庞培得到了一匹马，他摘下将军的徽章，从后门冲出营寨，向拉里萨一路疾驰而去。他没在那里停留，而是带着在逃命途中集结的一些手下，在30名骑兵的陪同下，整夜不停赶路，一直跑到海边。在那里，他登上1艘运粮船。据说他不停哀叹，哀叹自己真是大错特错，遭到了背叛，背叛他的人正是他曾寄予取胜希望的一群人，但这些人却最先逃命。

（97）恺撒一占领营寨，就告诫士兵不要一心想着掠夺战利品，以致无暇完成剩下的任务。他们听命行事，开始在这座山周围建起防御工事。由于山上没水，庞培的士兵对这一位置失去信心，于是离开了这座山，全体沿着山麓小丘朝拉里萨方向撤退。恺撒观察到他们打算做什么，就分配自己的兵力，命令部分军团留在庞培的营地，部分返回自己的营地，他自己带领四个军团，开始沿着一条更加便捷的路线前进，拦截庞培的军队。前进6英里后，他布好阵列。庞培的军队看到后，在一座小山上停了下来，一条河流紧挨山脚流过。恺撒勉励自己的士兵。虽然他们一整天都不停地奔忙，疲惫不堪，天也快黑了，但还是筑起了一道防御工事将河流和小山隔断，这样一来，庞培的士兵在夜里就打不到水了。修完这一工事后，庞培的士兵派来一个使者团，开始商量投降的事。少数曾加入庞培阵营的元老级人物趁夜逃命去了。

（98）黎明时分，恺撒命令所有待在山上的士兵都从较高的地方下到平地，并扔掉他们手中的武器。他们毫无异议地照着做了，然后，他们扑倒在地，伸出双手，哭泣着，乞求放他们一条生路。恺撒让他们放心，叫他们站起身来，并简单地说些他以慈悲为怀的话，以减轻他们的恐惧。他饶了所有人的命，并命令自己的士兵确保所有人投降的人都不会遭受任何身体暴力或损失任何财物。 处理好这件事后，他命令其他军团赶来和他会合，该轮到他带在身边的这些军团回到营地休整了，就在同一天，他赶到拉里萨。

（**99**）在这场战役中，恺撒损失不到200个士兵，包括大约30个百夫长，他们都是很勇敢的人。我们前面提到的克拉斯提努斯被杀害了，当时他在顽强地抗击敌人，被一把剑刺到脸上。他在出发时说的那番话得到了验证，因为恺撒认为，克拉斯提努斯确实在这场战争中表现出了不同凡响的英勇气概，他也确实立下了汗马功劳。在庞培军队中，大约有1.5万人阵亡，但投降的超过2.4万人，因为包括在堡垒里守卫的那些步兵大队也向苏拉投降了。此外，很多人逃到邻近的市镇避难。在这场战争中，恺撒缴获了180面军旗、9面军团鹰帜。多米提乌斯在往山里逃的路上因筋疲力尽而倒下，为骑兵所杀。

（**100**）德基穆斯·莱利乌斯带领舰队到达布隆迪西乌姆，如前所述，他怀着和利博相同的目的，占领了布隆迪西乌姆海港对面的一座小岛。同样，在布隆迪西乌姆担任指挥的瓦提尼乌斯给一些小船装上甲板，配上装备，通过它们去把莱利乌斯的舰船引出来，并在进海港的各狭窄入口处俘获离开舰队太远的5艘桨舰和2只小点的船。他还继续在不同地方布置骑兵把守，使敌人连人带船得不到饮水供应。但是，莱利乌斯利用这比较适合航行的季节，用货船到科库拉和迪拉基乌姆去运水来供士兵饮用。在关于塞萨利战役的消息传来以前，他一直不愿放弃自己的使命，无论是损失船只的耻辱，还是必需品的缺乏，都无法把他从小岛和海港赶走。

（**101**）大约同一时间，卡西乌斯带领一支由叙利亚人、腓尼基人和西里西亚人的组成的舰队赶到西西里。恺撒的舰队分为两部分，司法官普布里乌斯·塞尔皮基乌斯统率一半待在维博靠近海峡的地方，马库斯·蓬波尼乌斯统率另一半留在墨萨那。卡西乌斯进军神速，在蓬波尼乌斯还没探知他到来之前，就带领他的舰队突袭了墨萨那。他惊讶地发现，对方没有守军放哨，船只也没按固有的行列排列。他派出一些装满松木、沥青、麻屑和其他易燃物的运输船，在一阵顺风中，前去攻击蓬波尼乌斯的舰队，蓬波尼乌斯的 35 艘船全部被烧掉，其中 20 艘都装上了甲板。这一事件引起了极大恐慌，虽然有一个军团驻守墨萨那，但他们差点就保卫不了这个市镇，如果在这非常时刻，分程传信的驿马没有送来恺撒胜利的消息，大家都将认为这个市镇就要失守了。幸好消息在这个节骨眼儿传来，他们又守住了市镇。卡西乌斯动身前往维博，到塞尔皮基乌斯的舰队那里去。在那里，由于同样的担心，我军舰船已经停靠在岸，和前面一样的事情再次发生。卡西乌斯趁着顺风，派出大约 40 艘小船纵火，小船顺风而行，火焰将两翼点燃，5 艘舰船被火焰吞没。但是，当火势随风力作用蔓延开来时，那些因病留下守卫舰船的老兵军团中的士兵们，觉得这是让人无法忍受的耻辱。他们自愿登上舰船，解缆出发，向卡西乌斯的舰队发起进攻。他们俘获了 2 艘五列桨舰，卡西乌斯本人就在其中的一艘上，但他被 1 艘救生艇接走逃掉了。此外还有 2 艘三列桨舰被俘。不久，塞萨利战役的消息传来，这次连庞培的军队也相信了，因为在那之前，他们一直认为这是恺撒的官员或是朋党凭空捏造的谣言。听到这则消息后，卡西乌斯带着自己的舰队驶离了这一地区。

第11章 ······························ 庞培之死

（**102**）恺撒认为，他必须放下其他一切事情，去庞培逃生之地追捕他，如此，庞培就无法集结更多士兵，重新开始战斗。恺撒带着骑兵，每天全速前进，并命令一个军团抄近路跟上。在安菲波利斯，他看到一则以庞培的名义发表的公告：这一行省的所有较年轻的男性，不论是希腊人还是罗马公民，都要集合起来，宣誓入伍。但谁也猜不透庞培发布这项公告是为了什么。他是为了转移人们的怀疑，从而把他打算继续逃跑的意图瞒得越久越好，还是企图如果没人阻止，他就用新征的士兵守住马其顿？庞培自己在那里停船待了一夜，召见他在安菲波利斯的军队，并要了一些钱以供必要开销。当听说恺撒即将到来，他就离开了此地，几天后到达米蒂利尼。受一场暴风雨阻碍，他在那里耽搁了两天，然后，又在舰队里另外加入了一些快艇，赶到西里西亚，后又到达塞浦路斯。在那边，他听说全体安条克人和在此地经商的罗马公民已经达成一致，占领了城堡，要把他关在外面，并派人向那些据说已经逃到邻近市镇的人传信，警告他们不要去安条克。如果去的话，他们的生命将有极大的危险。前一年担任执政官的普布里乌斯·兰图鲁斯和另一个曾任执政官普布里乌斯·兰图鲁斯【两人恰巧同名，不是同一人。——译者注】以及其他很多人，在罗得岛也遭遇了同样的事。庞培从战争中逃跑后，他们就跟着跑了，但当他们到达这个岛屿时，他们没有获准进入市镇及海港，使者前来送信，警告他们离开，他们只好心不甘情不愿地起锚。到了这时，恺撒到来的消息已经传遍了各个城市。

（**103**）得知这件事后，庞培放弃了原本要去叙利亚的打算，他从包税人团体和一些私人那里筹了些钱，在自己的舰船上装载了大量铜币，武装了 2 000 名士兵。这些士兵部分是他从包税人家里选来的，部分是他从商人那里强要来的，还有一些是他的党羽中自认为适合这种工作的人。他们出发来到佩卢西翁。当时，年幼的托勒密国王正以庞大的兵力和他的姐姐克利奥帕特拉交战。几个月前，依靠密友亲信相助，国王已经把他的姐姐逐出王宫。克利奥帕特拉的营地就在离他营地不远的地方。庞培送信给国王，请求他看在自己曾对他父亲盛情款待的份儿上，允许自己进入亚历山大里亚，并请求国王保护他这个落难之人。但是，庞培派去送信的那些人，完成自己的使命后，就开始很随意地和国王的士兵交谈起来，敦促他们帮庞培一个忙，不要因为他交了厄运就鄙视他。这些士兵中，有一些原本就是庞培的手下，是伽比尼乌斯从叙利亚的军队中接收过来，带到亚历山大里亚的，在战争结束后，他们被留给了这位国王的父亲老托勒密。

（**104**）当时国王年幼，由他的一些亲信摄政监国。这些人知道了这件事情后，要么担心庞培可能会收买王军，夺取亚历山大里亚和埃及（他们后来也承认了）；要么因为庞培现在倒了霉而蔑视他。这些人表面上向庞培派来的使者做出大方的回应，请他到国王这里来，但私底下商量好，派出国王的大臣、勇猛非凡的阿基拉斯以及军事保民官卢契乌斯·塞普提弥乌斯去杀死庞培。庞培受到他们一番彬彬有礼的说辞诱惑，而且跟塞普提弥乌斯有几分交情，这个人当初在扫荡海盗作战中曾是他属下的百人队队长。他带着自己的一些随从，登上一艘小型船。就在这艘船上，他被阿基拉斯和塞普提弥乌斯杀害。卢契乌斯·兰图鲁斯也被国王捉住，在牢中被杀。

（105）当恺撒来到亚细亚时，发现提图斯·安皮乌斯早就想要把在伊弗所的狄安娜女神庙中的钱拿走，为此他召集行省所有元老，让他们为这笔钱的数目做一个见证，但因恺撒的到来没有得逞，于是他也逃走了。恺撒两次保住了伊弗所的这笔钱。人们还很确定，按日子倒数回去，正好就是恺撒战争大捷的那一天，在厄利斯的密涅瓦神庙里，那尊原本安放在密涅瓦神像前面、一直面向密涅瓦的胜利之神像，突然转过去，面向神庙大门和入口处了。同一天，在叙利亚的安条克，民众两次听到军队巨大的嘈杂声和响亮的号角齐鸣声，就全都武装起来，向城墙上不同的岗哨跑去。托勒密斯也发生了同样的事。在佩伽蒙那些只有祭司可以合法进入的隐蔽的秘密神庙里，也即希腊人称为"密室"的地方，传出了战鼓声。在特拉勒斯的胜利神庙里，人们曾在此供奉一尊恺撒塑像。在那些日子里，人们会展示一棵种在神庙里的棕榈树，它在铺路石的夹缝中长了出来，在坚硬的路面上生长。

第12章 ·····················恺撒在亚历山大里亚

（106）恺撒在亚细亚停留了几天。然后，他听说有人在塞浦路斯见到过庞培，考虑到庞培和埃及王国有联系，以及在当地还有其他一些有用的关系，他一定会前往埃及，所以恺撒赶去亚历山大里亚。随行的有从恺撒在塞萨利时就追随他的一个军团，一个从阿卡亚的副将昆塔斯·孚菲乌斯那里调来的军团，还有大约800名骑兵、10艘从罗得岛来的和几艘从亚细亚舰队来的战舰。在这些军团中，共有大约3 200名士兵，其余的士兵由于在战争中受伤，或受不了长途行军的跋涉，没能跟上队伍。恺撒凭借他辉煌的战绩声名远播，毫不犹豫地带着这支力量薄弱的军队出发了。他认为，对他而言，没有不安全的地方。在亚历山大里亚，他得知庞培的死讯。刚一登陆，他就听到国王留下守卫市镇的士兵们的呼喊，还看到他们向他冲过来。因为他举着执政官的束棒，这种情况让全城人都觉得这是对皇家尊严的轻慢。这场骚乱被平息下去，但一连好几天，在这个城市的各个地方，人们都会聚在一起，骚乱频繁爆发，好些士兵被杀。

（107）为此，恺撒命令把由庞培军队改建的几个军团从亚细亚调到他这里来，因为当时正遇上季风，他不得不在亚历山大里亚停留，这种季风对从亚历山大里亚出航的船只最为不利。同时，恺撒考虑到这个王室家庭的纷争，对罗马人和作为执政官的自己都有影响，想到在他早期任执政官时，他就通过一条公民大会的法令和元老院的决议，和现任国王的父亲老托勒密缔结过联盟，他就更有责任采取行动。所以他宣布，他已经做出决定，托勒密国王和他的姐姐克利奥帕特拉都应该解散自己拥有的军队，听从他对他们的纷争做出的裁断，而不是双方通过武力解决。

（**108**）由于国王年幼，当时是他的监护人，一个叫波提努斯的宦官在摄政监国。最初他因为自己的国王要被别人传唤去为一些情况做辩护，他开始在自己的亲信中抱怨，表达愤慨。后来，他在国王的亲信中找到一些赞同他的计划的同谋，秘密地把军队从佩卢西姆召到亚历山大里亚，并将所有士兵交由前面提到的阿基拉斯统领。波提努斯本人和国王用诺言煽动、吹捧阿基拉斯，波提努斯通过使者和信件给他指示干什么。在老托勒密国王的遗嘱中，他两个儿子中的长子和两个女儿中的长女都被列为继承人。就在这同一份遗嘱里，老托勒密以所有神灵之名、以他在罗马签订的条约之名，号召罗马人民见证这一遗嘱的实现。这封遗嘱的一个复本由他的使者送到罗马，存放在财库里，但是由于政治动乱，这一遗愿难得实现，所以这封遗嘱就存放在庞培那里。另一份复本一直在亚历山大里亚封存着，当时就出现了。

（**109**）当恺撒讨论这件事时，他特别渴望像双方的朋友和仲裁人一样，妥善解决这个王室家族的纷争。这时，突然传来消息，国王的军队和所有骑兵正向亚历山大里亚靠近。如果在市镇外发生战争，恺撒的兵力绝没有强大到他可以指望的地步。唯一的选择就是留在市镇，并尽力摸清阿基拉斯的计划。他对所有士兵下达命令，做好准备，进入备战状态，还敦促国王派出他最有影响力的那几个密友充当使者，到阿基拉斯那里去，告知他的意图。国王选派狄奥司科里德斯和塞拉皮翁前往阿基拉斯那里，这两人曾出使过罗马，在老托勒密国王的王庭有很大的影响力。当他们来到阿基拉斯面前时，阿基拉斯既没有听他们说什么，也没有询问为何派他们前来，就命人逮捕并处死他们。这二人中一人受伤，立刻被朋友们接过去，假装已经死了才被带走；另一人被杀死。于是，恺撒采取措施，控制了国王本人，这既出于国王的称号在老百姓心目中具有举足轻重的地位的考虑，也是为了让人们知晓，这场战争不是国王的计划，只是几个暴徒私自发动起来的。

（**110**）无论从数量上还是士兵的能力上，或是他们的作战经验上来说，阿基拉斯拥有的这支军队都绝不可等闲视之。他手下有 2 万名武装人员，其中包括伽比尼乌斯的部下。在那时，他们已经习惯了亚历山大里亚散漫的生活方式，他们不再想着自己是罗马人，已经将罗马人民的纪律标准忘得一干二净，他们结了婚，多数人都有了孩子。除此之外，从叙利亚、西里西亚行省以及相邻地区聚集的土匪和海盗，许多被判死刑的罪犯和流亡者也加入其中。我们所有逃跑的奴隶都发现，如果他们报名参加军队，就会寻到一个安全的庇护所和一种有保障的生活。如果他们中的任何一个人被主人拘住，他的战友们就会联合起来营救他，阻止主人对他们中任何一个人使用暴力，因为这也是对他们自己的威胁，毕竟他们所有人都处于相同的情况。根据亚历山大里亚军队的古老传统，这些人惯常做的事就是处死王室亲信，劫掠富人财产，为了增加军饷包围王宫，甚至将王位上的人驱逐下台，拥戴其他人填补上去。此外，还有 2 000 名骑兵。所有这些人都是参加过亚历山大里亚无数场战争的老兵，他们曾使老托勒密复位，他们曾杀掉比布卢斯的两个儿子，他们也曾发动战争攻打埃及人，这些都是他们的作战经验。

（**111**）阿基拉斯凭借他的这些军队，瞧不起恺撒微小的兵力，他占据了亚历山大里亚镇，恺撒和他的军队守住的那部分区域除外。在第一次冲锋时，他试图闯入恺撒的房子，但是恺撒在街上布置了步兵大队，抵住了这场攻击。同时，海港那里也发生了战斗，成为当时战斗最激烈的地方。在同一时间，好多条街上都有零星军队在战斗，敌人又凭借自己人多，企图夺取我方战舰。在这些战舰中，有 50 艘曾被派去援助过庞培，在塞萨利战役后才回到家乡，它们都是四列桨或五列桨舰，作战设备齐全，装备完善。此外还有 22 艘战舰，一直在亚历山大里亚港承担守卫任务，全部都装有甲板。如果他们能夺取这些战舰，掌握恺撒的舰队，那么他们就能将海港和整片海洋纳入自己的掌握之中，就能阻止恺撒得到供给和获得增援。因此，既然敌方将这看成是迅速的胜利，而我方认为要救自己，唯一能相信的就是战争结果了，所以战斗的激烈程度可以想见。不过，恺撒取得了胜利。他把所有船只以及那些停在船厂里的船只全部烧了个精光，因为用如此微弱的兵力，实在无法保卫如此广阔的一片地区。然后，他快速把自己的士兵用船只运送到法罗斯岛上。

（**112**）法罗斯灯塔是一座极高的塔楼，是一座绝妙的建筑，它的名字因岛的名字而来。这个岛离亚历山大里亚城不远，形成一个海港。历代国王造起一道伸向海里约 1 500 码长的堤坝，将这座岛和市镇用一个狭窄的堤道连接起来。岛上有一些埃及人的住宅和一个和市镇差不多大小的村落。如果有任何船只由于粗心或是恶劣天气而稍稍偏离航线，这里的居民就会像海盗一样劫掠这些船只。由于通道狭窄，如果没有征得这些法罗斯岛居民的同意，任何船只都无法进入港口。鉴于此，恺撒在敌人一心作战时，就预先让士兵登陆，控制了这个岛，并在岛上布置了守军。这样一来，就可以保证他的粮食供给和援军安全抵达这里了。在市镇的其他地方，经过一番胜负不明的战斗，双方分开了，谁都没有被击败，原因就是空间太小。在双方都死了几个人之后，恺撒环绕最重要的位置画出封锁线，并连夜建起防御工事。在市镇的这片地区，有一小部分王宫的宫殿，恺撒最早就是被允许进入那里作为生活住所的。和这房屋相连的是一个剧院，它起到了要塞作用，通过它可以进入海港和船厂。在后来的日子里，恺撒加固了这些防御工事，以便它们能取代城墙起到屏障的作用，而他也不用违背自己的意愿和他们交战。老托勒密国王的小女儿希望占有空出来的王位，于是离开宫殿，加入阿基拉斯，开始和他一起发动战争。但是不久之后，这两个人就因为领导权的问题发生争吵，这使得士兵们的赏金得以增加，因为双方都试图通过慷慨的赏赐赢得士兵的支持。当此事发生时，住在被恺撒占领那部分市镇的国王的监护人、摄政者波提努斯，派出使者到阿基拉斯那里去，敦促他不要懈怠，也不要心灰意懒。他的使者被人告发，被恺撒派人逮捕了，波提努斯也被恺撒杀死。这些事件就是亚历山大里亚战争的开端。

附 录

罗马军制

··············罗马军团的队形··············

罗马军团是有组织的罗马士兵团体。一个军团最早由 3 000
名步兵和 300 名骑兵组成，后来兵力增多，在恺撒时代人数约为
3 500～5 000 不等，全部由重装步兵组成。

根据作战队形的演进，罗马军团大致可划分为三个时期。

（1）在第一个时期，作战队形中，军团的步兵站成一个稳固的方
阵，纵深大概 6～8 列。隶属于军团的 300 名骑兵通常安置在方阵的
前面。

（2）在第二个时期，军团步兵分成 30 个小队或连队，在作战队
形中，30 个小队被排成三横列，各横列之间有间隔。

第一横列的士兵被称作青年兵，第二横列的是壮年兵，第三横列
的是老年兵。青年兵是相对比较年轻的男性，和其他两横列的士兵相
比，服役时间较短；壮年兵处于成熟男子的最佳战斗状态；老年兵则
是指经验丰富的在役老兵。

军团里每个小队由 2 个百人队组成。名义上，每个百人队都由一
名百夫长指挥，但居右的那个百人队的百夫长一般指挥整个小队。在
战争中，2 个百人队并排站在一起。

每个军团的 300 名骑兵配置在军团两翼。骑兵被分成 10 个队，
称作骑兵中队；每个中队又细分为三个部分，称作小分队，每个小分

队由一个分队长指挥。

（3）第三个时期，包括恺撒时代，军团共 10 个步兵大队，每一大队由 3 个小队合并组成。在作战队形中，军团改变了正常的站位，在三横列中，第一列有 4 个步兵大队，第二列 3 个，第三列也是 3 个大队。大队之间都有间隔，而且第二横列的各大队直接排在第一横列各大队之间的间隔后，呈鱼鳞状。同样的，第三横列的各大队又直接对应第二横列各大队之间的间隔排列。

每一列中大队与大队之间的间隔是 120 英尺，即一个大队的横宽，但三横列之间的间隔大约是 240～250 英尺。因此，在战斗中的军团的正面或是横宽就是 840 英尺，而从第一横列大队的正面到第三横列的后部之间的纵深是 600～620 英尺。

每个小队由 120 名士兵组成，排成 10 列，每列 12 人。横列士兵与士兵之间的距离是 3 英尺，纵列是 4 英尺。前 5 列由第一百人队组成，后五列由第二百人队组成。两个百夫长所在位置在百人队的右边，他们所占用的 4 英尺是每一个小队的右边留下的。在前列最右边的那位百夫长是整个军团的首席百夫长，他不光要领导自己的百人队，还要负责指挥整个大队。

一个小队的全长或正面，由 12 个士兵和一个百夫长占据，有 40 英尺；纵列有 10 个人，也是 40 英尺。所以，每个小队占地 1 600 平方英尺，3 个这样的方形排列在一起，就组成了一个大队，一个大队 120 英尺长 40 英尺宽。

根据百夫长和士兵们的级别和战斗经验，步兵大队用数字 1 到 10 编号。在第一列的任一位置比其他列的任一位置更光荣，而每一列中，居于右翼的位置比左翼的位置更光荣。占据荣誉位置的第一大队位于第一列最右边的地方，而在军团中等级最低的第十大队位于第三列最左边的地方。

当由几个军团组成的军队被排列起来参加战斗时，每一个军团都排成如前面所说的三横列，而每一个军团都间隔开。地势不同会导致各军团横宽不一致，但很少会不足 120 英尺，即一个大队的横宽。如果假定军团之间的间隔是 120 英尺，那我们就会发现，恺撒在埃纳河边由 6 个军团组成的作战队列的正面横宽 5 640 英尺，纵深 600 英尺。因此，由 6 个军团组成的军队，总人数共计 2.5 万人左右，战列绵延远远超过 1 英里，纵深大约 0.125 英里，占地面积超过 75 英亩。

尽管方阵出现在前进的敌人正面时犹如一面城墙，但它太过笨拙，无法应付战场上的突发情况。为了尽力弥补这一缺点，小队组成的军团就传承了最早的方阵形式。但是不久后，实战经验表明，小队之间分隔太远，而小队本身又太势单力薄，无法孤军奋战。于是，马略在重新编组军队时，曾把每 3 个小队合并成一个大队。很快，这一变化的价值就显现出来了。由马略组编，又经过后来的将军们逐步完善的以步兵大队为主体军团的作战队形，在后来的实战中，既避免了方阵和小队军团作战的主要弊病，又在很大程度上兼具了前面两种阵形的优点。

方阵中的荣誉位置留给有财富、有地位的人，其他阵形中的荣誉位置留给那些战绩赫赫、经验丰富的士兵【在大队组成的军团中，荣誉位置是相对安全的位置，而在小队组成的军团中，荣誉位置是危险位置。——译者注】。不过，在小队组成的军团中，经过考验的老兵们作为后备军被安置在第三横列，只有在特别紧急的情况下才会被召唤行动；而在大队组成的军团中，这些老兵却占据最前方，承受着战争的第一轮冲击。罗马人已经充分认识到，战争胜负在很大程度上取决于首轮攻击。

罗马军队中，固定的军官有统帅、副将、财务官、保民官、百夫长、级长（包括骑兵队长、海军司令、工匠长等）等。

统帅，即军队的总指挥官，在他自己的行省享有无限的军事权力，享有现代战争中总司令的全部权力。

副将，是统帅指挥下的军队中的最高长官。他们都属于元老级别，从元老院获得任命。统帅不在时，他们承担统帅的所有责任。有时候，他们被委派去指挥执行特殊任务的分遣队。在与阿里奥维斯图斯的战斗中，恺撒安排他的财务官指挥 1 个军团，剩下 5 个军团分别由 5 个副将指挥。

财务官，负责管理军队物资，是军队中的军需官。他是副将级，有时被授予战斗指挥权。

保民官，每个军团有 6 个。以前每两人轮流管理军队两个月，但在高卢战争中，多数保民官是有财富、有地位的年轻人。恺撒出于私人友谊和政治的考虑，将他们从骑士阶层选出来并任命为自己的参谋。他们没有多少打仗经验或知识，没有在战斗中指挥军团的能力，只能掌管军团的内部事务，充当统帅的参谋官或副将，以及财务官的副官。

百夫长，每个军团有 60 个。这些军官都有大量的作战经验，他们都是从士兵逐级晋升上来的，以此作为对他们突出表现的奖励。百夫长是真正的指挥官，不仅是百人队的指挥官，还是小队和大队的指挥官，而且在一定意义上，他们还是副将指挥下的整个军团的指挥官。每个小队中的两个百夫长地位有高下之分，第一百夫长是军团的首席百夫长，享有总指挥的相应荣誉和特权。第二百夫长充当第一百夫长的副官。

新兵在刚入伍时，位阶处于军团的最底层，处于第十大队第三小队的第二个百人队，凭借勇敢和忠诚，他成功晋升为百夫长，再从一个小队晋升至另一个小队，从一个大队晋升至另一个大队，直到最后，经历过所有层级的荣誉，成为军团的首席百夫长。

对军阶晋升的准确次序仍然有争议。每个大队的 6 个百夫长形成一个独立的军阶，第一大队的百夫长们形成第一军阶，第十大队的百夫长们形成第十军阶。因此，共有 10 个军阶，每一军阶由 6 名百夫长组成。这大概是学者最普遍的看法。第一级的百夫长们享有一定的荣誉和特权，一般而言，只有第一级百夫长才会被统帅邀请，和副帅以及保民官坐在一起参加军事会议。

级长，指挥辅助部队各分队，包括步兵和骑兵军团。恺撒在高卢的军队中的级长多数都是没有多少作战经验的年轻人。

十人长指挥小队骑兵。每个骑兵连共有 30 匹马，被分成 3 个小队，每一小队都由一名十人长指挥。但第一十人长或高级十人长不仅指挥他自己的小队，还要指挥整个骑兵连。

外衣。一件素色羊毛束腰宽松外衣，袖子非常短，刚刚能遮住半截上臂，长度一直拖到膝盖，并在腰上用带子束紧。

斗篷或披肩。士兵会将厚实的羊毛斗篷或披肩披在肩上，通常用一个扣环固定住，使胳膊能比较自由地活动。士兵不参加战斗时，常常这样穿。将军和高级军官的斗篷叫"帕鲁达门托姆"，是一种呈梯形的大斗篷。和士兵披在肩上的斗篷不一样，它的尺寸较大，质地更优良，颜色更亮丽。最高统帅的斗篷是紫色的。

鞋子。鞋有几种类型，一种是简单的凉鞋，叫"索莱阿"，只保护脚底；一种是皮条编的短靴，叫"卡尔凯吾斯"，是人们平时穿的；还有一种是绷带状的鞋，叫"卡里嘎"，这种鞋把整只脚和部分脚踝都包裹起来。

头盔。头盔要么是青铜制的，要么在青铜里面用皮革做内衬。高级军官的头盔通常用羽毛或是马鬃装饰。

铠甲。有时就是一层皮革；有时皮甲上还要覆上金属，可以看到铁环或铜环环绕腰部，相同的环延伸覆盖住肩膀，金属胸甲保护胸的上半部分。

青铜制护胫甲。不过士兵常常只穿一个护胫甲，因为盾牌可以很好地保护左腿。

巨大的长方形盾牌。4英尺长、2.5英尺宽，稍稍呈弧形。它由木头制成，上面蒙着兽皮，并在边缘四周用铁条加固。盾牌上有一个金属轴套，即盾中心的浮雕，是一个球状物或凸起物，它不仅增加方盾的强度，赋予其美感，还常常使投掷的标枪长矛等从它上面被弹开。盾牌用各种不同的图案装饰，比如长着翅膀的雷电、老鹰和月桂环等。有时盾牌内侧也刻着士兵姓名和他所属步兵大队的番号。

佩剑。恺撒军团中士兵使用的唯一佩剑是西班牙式短剑。它是长大约2英尺、宽大约4英寸的双刃剑，非常适合刺杀和劈砍，不过通常是用于刺杀。一般悬挂在一条从左肩斜挎的带子上，挂在身体右侧。但是高级军官却佩带在左侧，悬挂在一条扣带下。剑鞘和剑柄有时装饰得非常华丽。

重标枪。这种武器不是为了刺杀，而是用来投掷，远距离杀伤敌人。大约有6.5英尺长。它由一根木枪杆和一个铁枪尖制成。木枪杆长大约4英尺，上端厚1英寸，从上面插入一截2～3英尺长的铁枪尖，两部分之间用钢销钉连接起来。罗马军团就是凭借重标枪和短剑征服了欧洲。

　　搓拧。进攻筑垒的市镇时，罗马士兵常常使用某些类似于现代战争中火炮的武器，它们被总称为"搓拧"，因为它们的发射动力就是由紧紧拧在一起的绳子的扭力产生的。

　　蝎弩。一种大弩，装在一个直立支架上的大型弩。

　　弩炮。发射重标枪或其他投掷兵器。这也是弩的改良型。不过，弩臂都是直木条。弩的弹力或反冲力由一根大绳或大索的扭力产生，而大绳的扭力是由马鬃或动物肌腱扭在一起产生的。

　　投石机。一种投掷弹丸、巨石甚至重木棍的兵器。原则上，其动力产生原理和弩炮一样，主要不同之处在于投石机发射投掷物时，呈45°角。

　　投石车。一种由弩炮的改进型兵器。它只有一个弩臂，弩臂是垂直工作的，而弩炮的双臂是水平工作的。

　　塔楼。罗马人常常用它来攻击筑防城市。当然，这种塔楼有大有小，一般有10层，大约90英尺高，底部25英尺见方，顶部20英尺见方。每一层都有一个外走廊，环绕楼层一圈。

这种攻城塔楼就是靠楼体下安装的滚轴滚动前进的，楼里至少安装了一架吊桥，可以把吊桥放下搭在城墙上，进攻一方可以跨过吊桥进入敌人的防御工事。塔楼底层一般配有攻城锤，上面的楼层都装有作战兵器。塔楼装备有吊桥和攻城弩炮，楼里藏有大量弓箭手和投石兵。

棚堡。用于围城时保护士兵和工匠，是一种搁在滚轴上的移动棚屋或凉亭。根据韦格蒂乌斯的讲述，它通常长 16 英尺、宽 7 英尺、高 8 英尺，盖顶是用木材做成的，靠立柱支撑。左右两侧都是用坚韧的柳枝编成的。有时棚堡前后两端都是敞开的，有时一端也用柳枝编成。盖顶和有柳枝墙一侧外面都用刚刚剥下的生兽皮包起来，以防止被投过来的燃烧物点着。

移动雉堞。一种移动掩体或凉亭，它比一般的棚堡体积小些，但防御能力更强。当敌人的防御工事近在眼前时，就用这种工具，特别是用它来保护摧毁城墙的坑道工兵和矿工。

移动防护栅。装在滚轴上，通常有七八英尺高，上面有窥视孔，弓箭手可以通过这些孔把箭射出去。这种防护栏有多种样式。

龟背车。它是一个移动棚屋，就像一个棚堡，里面悬挂一个攻城锤，是一根长 60 ~ 100 英尺的重木柱，一端包有一个巨大的铜或铁的金属头。士兵躲在这一龟甲型大盾下缓缓前进，用攻城锤撞破城墙。高卢城墙基本上都是用粗梁、巨石和泥土建成的，既无法用燃烧物点着，也无法用攻城锤撞破。

最初，罗马军队仅仅是国家临时武装起来的。因为参军打仗是每一个公民的分内事，所以每一个人都要自备武器、自带粮草。那时的战争持续时间短，公民履行士兵的职责就几个星期，战争结束后解甲归农。后来，兵役被视为一种义务，偶有战争发生时，每一个公民都可能应征入伍。

大约在公元前400年，罗马开始卷入更加持久的战争，国家公库拿出一小部分补贴军队，向其提供武器装备和粮草。到了恺撒时代，服兵役就成了一份长期的职业。强健而又锐意进取的年轻人加入军队，要么专心当士兵，要么担任高级职务。当然，只有那些曾在多场战役中效劳的士兵才有资格当选这些职务。士兵们得到固定的饷金，这一收入只相当于在罗马干苦力的收入，而士兵获得的战利品和礼物一类的额外收入，绝不是微不足道的。

士兵们每四个月发一次饷金，饷金中有一小部分被扣除，扣除的钱被国家用来为士兵配备武器和粮草。

新兵征募的条件是体魄健康、强壮，但似乎没有明确的身高要求。新兵入伍后马上就进入长期而严格的专业军事训练。罗马军队能取得胜利很大程度上源于严酷的军纪和训练。

• • • • • • • • • • • • • • • •罗马营地• • • • • • • • • • • • • • • • •

在罗马的军事历史上，营地具有的重要性是现代战争无法与之相比的。营地是士兵的家，是他们经历一天体力劳动和危险战斗之后的休息之所、安全之地。营地里有他们朝拜的祭坛。营地常常需要加固防御工事，哪怕军队只打算在这里待一个晚上。事实上，营地就像一个设防的市镇，被防御土墙和壕沟包围、防护。如果军团的后方没有修筑一个坚固的营地，一个罗马将军几乎不会投入战斗。有了坚固的营地，才能保障罗马军队战败后，能相对安全地撤退到他们筑防良好的营地。

在罗马营地，每个军团、大队和小队都划分一块确切的营区，这一营区四面都有或宽或窄的通道。每个小队占据一个长 108 英尺、宽 48 英尺的矩形面积营区，四周是一条 12 英尺宽的通道。因此，划分给一个小队的整块地方，再加上把这个小队和其他相邻各小队隔开的通道的一半宽度，这个小队所占营区共 120 英尺长、60 英尺宽。

一个大队包含 3 个小队，所以大队的占地面积就需要三个上述矩形。由此推算，1 个大队所占营地空间长 360 英尺、宽 180 英尺。

10 个长 360 英尺、宽 180 英尺的矩形就提供了一个军团的住处，50 个这样的矩形就为 5 个军团提供了住处。1 个罗马军队的营地不光要为军团提供驻地，还要给辅助军队提供驻地。

　　营地的防御工事由一道墙和一条壕沟或堑壕组成。土墙一般高6英尺，墙的最高处宽6～8英尺；壕沟顶部大约宽9英尺、深7英尺。毫无疑问，要在敌国给一个永久性营地构筑防御工事，壕沟得挖得更宽更深，而防御墙也要垒得更高更宽。有时士兵会在土墙上打上用尖桩栅栏做成的护栅。特殊情况下，还会在土墙上每隔一段距离就建起一座木塔楼。每个门大约40英尺宽，从里面进行防御，没有横墙或圆堡。

　　离防御墙最近的壕沟一边被称作内护墙，与之相对的那一边被称作外护墙，有的壕沟有两个斜面，有的壕沟两面是垂直的。一般来说，内护墙是倾斜的，而外护墙是垂直的。

　　防御墙的修建材料主要是用挖壕沟时挖出的土石，但为了使墙体更稳固、更结实，树枝、灌木、尖木桩和束柴被打进墙内。墙两面都非常陡峭时，通常都覆盖着草皮或用树枝做成的栅栏，有时还会用木头。而且，这些木头和栅栏被排成阶梯状，这样从墙内就可以很轻易地爬上去。

　　营地地点的选择需要技巧、判断和经验。因此，统帅通常把如此重大的责任交给保民官或者其他参谋军官，派他们带着几个百夫长和士兵前去选择宿营地。他们在前锋的保护下，先于军队主体行军，并要他们在军团到达时就将营地的大体轮廓完全确定下来。

　　不过，扎在敌国的罗马营地不仅要固若金汤，而且能严防死守。

对罗马士兵来说，行军穿过一个敌人的地区，每天工作的很大一部分内容就是给营地修筑防御工事，但是他们从不逃避劳动，而且用起镐和铁锹来简直像用矛和剑一样熟练，三四个小时就足以完成营地的筑防工作。

如果营地只需要正常警戒，夜间值勤期间，站夜哨的任务就会分派给不同军团中的 5 个大队。傍晚时分，连续有节奏的敲击声响起，这就是安排夜间值勤的信号。每个营门驻守 1 个大队，每一部分墙上都设了岗哨。第五大队被派去负责将军和财务官的警卫任务。每个大队也都有自己的哨兵。在非常少有的危险关头，守卫力量会大大增强，有时两三个大队看守一个营门。

因为夜间值岗时间被四等分，所以警卫也被分成四个班次，每个班次负责 1/4 的夜间值勤，其他三个不值勤的换班士兵作为警戒哨兵，可以倚靠着武器睡觉。

天亮时就吹响起床号。如果要继续行军，就要连续吹响三声号角。第一声号角响起时，收起营帐；第二声号角响起，把辎重装在驮畜身上；第三声号角响起，军队出发。但是，如果战斗迫在眉睫，就不会继续行军，那营帐就留着不动，营地交与一支强大的警卫队小心看守。卸下背包并武装起来准备战斗的士兵们走出营地，马上列队摆好阵形。

·····················军旗和军乐·················

军队的通用军旗是统帅的旗帜。旗帜上标有将军的姓名和军队名称，红字白旗。当帅旗从营地中央的帅帐展开，这是发出立即战斗的信号。在军团摆出战斗阵形进军前挥舞帅旗，这是发出进攻信号。

每个军团都有自己的军旗，由军团首席百夫长特别看顾。信号杖上是一只鸽子大小的老鹰图案，在帝国时期有时是金质的，一般时期都是银质的。老鹰呈展翅高飞状。有时，一面小布旗直接横置于老鹰之下，布旗上绣有军团的编号。

军团的 10 个大队都有各自特定的信号杖，形式各样，有时非常简单，有时制作相当精致。

由骑兵、轻装步兵和派出执行特别任务的小分队携带的旗帜是简单的小横旗。

罗马军队的主要乐器，事实上也是唯一在《高卢战记》中提到的乐器是喇叭。这种喇叭是黄铜制成的管乐器。恺撒在他的两部作品中提到的乐师有喇叭手和号角手。古罗马号是喇叭改进的，尾部是弯曲的，呈"J"字形，多半用于骑兵中。

·············罗马军团的进攻模式·············

　　罗马将军们善于利用地形上每一个可能的优势，这是永恒的法则。罗马的攻击模式需要一块高地。

　　当罗马将帅在群山的缓坡上找到一个有利的位置，而敌人就在山下很近的平地上时，他就会命令吹响喇叭，发出信号。军团摆出阵势缓慢而稳步地向前推进，直到他们距离敌人 500～600 英尺时，帅旗一指，号角和喇叭同时吹响，发出进攻信号。前面几列是做好一切准备的标枪投手，即轻装兵军团，跑步前进，一直跑到和敌人相距 40～50 英尺的地方，这时，军团前列的标枪齐发，射进敌人方阵的队列中。然后，罗马士兵们拔出剑，冲向敌人混乱的队列。

　　首轮进攻时，沿前线每个小队的第一百人队全部都要投入可怕的白刃格斗中。当最前面两列士兵拼力厮杀时，后面三列士兵一抓住机会，就会用力掷出标枪，越过己方士兵的头顶，投向敌人的阵列中，而且这三列士兵也做好了心理准备，必要时冲出去换下他们的同伴。同时，每个小队的第二百人队岿然不动，保持阵列不变。

　　战斗进行一会儿，第二线的大队就会行动起来，快速列阵前进，穿过第一线小队与小队之间的间隔，把标枪投向晕头转向的敌军阵列。

随后，他们拔出剑来，冲进战斗最激烈的地方。第一线那些筋疲力尽的士兵就可以得到适时放松，从前线退下，重整冲乱的队列，并缓口气，恢复体力，准备进行新一轮进攻。第一线和第二线轮流休息，持续作战，一直打到敌人筋疲力尽，不得不在两线罗马大队的不停进攻下投降。

第三线作为前两线的后备队，只有在特别紧急的情况下才会派往前线作战。一般在战斗不需要他们时单膝跪着休息，只有在战局僵持不下或军团撤退时才用得上这些老兵，所以古罗马谚语"投入后备兵"就意味着到了紧急关头。

三线列的战术使罗马军团具有极大的灵活性。欧洲古代会战中，比较典型的是古希腊密集方阵。这种方阵能取得胜利往往依靠士兵整体士气、前排战士的战斗技巧、是否团结一致等综合因素，一旦战斗开始，指挥官将无法左右局势，哪怕有胜利的机会，或者阵线被突破，都无法及时收到消息，也无法在合适的地点投入兵力。而罗马军团的三线列战术克服了这个问题，当前两排的士兵正在战斗，指挥官可以将第三排的士兵迅速投入到最需要的地方，甚至可以用第三排机动去包围敌人。

在扎马之战中，交战双方都很重视后备军的作用。汉尼拔试图用隐藏在战线后的士兵包围西庇阿的军队，而西庇阿及时发现，命令第三线列士兵同时展开，试图挫败汉尼拔的包围意图。但是他们遇到了汉尼拔精锐部队的顽强抵抗，所有部队陷入苦战，几乎没有机动的余地。在此千钧一发之际，追赶迦太基骑兵的罗马骑兵返回了战场，从背后向鏖战中的汉尼拔部队发起了冲击。汉尼拔的部队陷入两面受敌的困境，大部分战死。

··············攻城略地的方式···············

罗马人通常有三种占领筑垒地域的方法：猛攻、封锁和包围。

猛攻市镇。当预计不会遭受重大损失就能迅速成功攻城时，通常就使用这种进攻方式。这种进攻方式特别适用于攻击那些有大量存粮，但是既无强兵把守，也无强大防御工事的城市。

弓箭手和投石兵在移动防护栅的掩护下，射击手借助弩炮和投石车，把敌人从防御工事上赶走。一些人填壕沟，而其他人在"小鼠车"的掩护下努力毁坏城墙，或者放火烧城门。塔楼慢慢向前移动，攻城锤开始起作用。数量庞大的攻城纵队组成龟背车，他们将护盾举过头顶，紧紧扣在一起，向前推进猛攻。架好梯子后，射击手、弓箭手和投石兵发起更猛烈的进攻，士兵们爬上城墙，撞开城门。

封锁城市。建起一道没有间断的牢固的防御工事，把敌军城市完全包围起来，使整个城市既得不到物资供应，也无救援人员驰援，这就是封锁。在敌方城市防御工事非常牢固，守卫非常强大，而且攻城士兵人数多，但粮食供应有限的情况下，才会采用这一攻城方案。为了保证胜利攻城，有时需要在距离第一道防线适当的地方建起第二道防线，将其设在包围城市的军队的外面，警惕敌人从军队外围发起攻击，进行增援。

《高卢战记》中提到的最著名的例子是包围阿莱西亚。恺撒包围了这个市镇。25 万高卢盟军到达阿莱西亚后，攻击恺撒的外围墙。但是，罗马士兵凭着他们的英勇取得胜利，阿莱西亚向征服者投降。恺撒所建的包围阿莱西亚的工事是罗马军事史上记载的最著名的工事之一。

围困筑垒。对于罗马士兵来说，在一场正式围困中，他们不仅要使用所有常用的战争武器，还需要进行漫长而乏味的劳动，筑建一座土丘。不过，只有在攻城有困难的情况下，即仅仅用围困的方式不足以攻下城池，或者是如果没有经过精心准备就采取直接进攻，几乎没有什么成功的胜算时，才会采取修筑土丘的方式。

土丘就是一段堤坝或围墙，从距离被包围城市的城墙 400 ～ 500 英尺远的地方开始，朝着城墙方向修建，一直修到城墙处，并超出城墙高度，这样就为士兵提供了一条宽阔的直路，一个进攻纵队可以直接推进到达敌人防御工事的最高处。

一座土丘通常是 400 ～ 500 英尺长，50 ～ 60 英尺宽，50 ～ 80 英尺高。建起一座土丘需要大量的木材、石头、泥土和灌木。长 20 ～ 40 英尺、厚一两英尺的树干是头等重要的。远远近近的树木都会被砍倒。

一座高 80 英尺的土丘，通常有 8 ～ 10 层。每层都有一个开放的走廊或是走道，宽 10 ～ 12 英尺，高 8 ～ 10 英尺。修建土丘时，多数守卫城墙的敌人已经被护栅线上的弓箭手、投石兵以及塔楼上的炮兵们赶走。建土丘所用材料由一个个栅堡组成的有盖顶的通道运送，那些忙着修建土丘的士兵们在护栅的保护下劳动。首先，大根的木头平行地固定在地上，彼此有一定间隔。在这一层木头之上，架起第二层木头，和第一层木头呈直角摆放。木头之间的空隙用泥土、石头、草皮和灌木丛等填满。中间留下一条通道，宽 10～12 英尺。木头就一直按这种方式往上垒，直到两边高度达到 8～10 英尺。这时，中间留下的通道顶上架起一层木材盖住。这样土丘第一层的第一部分就算建完了。

紧跟着是护栅，朝防御墙方向推进了 30～40 英尺。在护栅的保护下，土丘第一层的第二部分以第一部分同样的风格和方式建起来。然后横穿第二层的前部建起一条护栅线，接着就开始修建第二层的第一部分。所有材料都通过棚堡运上楼梯，传到层与层楼梯之间的过渡平台，这一平台的宽度是整个土丘的宽度，这样就很容易进入第二层的走廊或过道。

第一层的第二部分一建好，护栅也随之向前推移，开始修建第三层。同时，第二层的护栅向前推移，第二层的第二部分开始修建。然后，护栅安置在第三层上，开始修建第三层的第一部分。就像第二层一样，借助楼梯到达第三层，通向过渡平台，从平台进入这一层的走道或走廊。

就这样继续修建土丘，一个部分接着另一个部分加上去，一层又一层，直到整个设施修建完毕。若仍然有需要填满的部分，就通过不同楼层的所有走道，把木头、石头、灌木、柴笼、草皮等等运来全部投进这里堆起来，直到所有地方都被填满。然后，把这一堆东西的顶部压平，以便士兵通行。做好所有这些精心的准备后，决定性时刻终于到来了。弓箭手和投石兵加倍努力投射，同时进攻纵队从土丘上向前推进，登上城墙，把罗马军队的鹰帜插在敌人的防御墙上。

　　恺撒在高卢的军队由两部分组成，分别是罗马军团和辅助部队。罗马军团由重装士兵组成，辅助部队由骑兵和轻装步兵组成，士兵大多来由高卢和日耳曼地区不同民族和部落。

　　在整个高卢战役中，恺撒指挥的总兵力几乎没有超过 7 万人。起初，他靠唯一的一个军团——第十军团开始征战，这一军团后来在高卢各战役中名声显赫。征战同时，他开始扩军，没过多久，他统率的军队就扩充到 6 个军团，还有 2 万多人的辅助部队。

　　恺撒军队的兵员数量每年都有些变化，但总的说来，在他军队中服役的辅助骑兵大约有 5 000 名，辅助步兵大约有 1.5 万～2 万名。下面就《高卢战记》描述的连续 7 场战役中他所指挥的兵力进行一番大概估算。

　　在公元前 58 年第一场战役中，有 6 个军团以及包括骑兵和步兵在内的大约 2 万的辅助兵力，共计 4 万～5 万名男性士兵。

在公元前 57 年到 55 年的第二、第三、第四场战役中，有 8 个军团以及 2 万的辅助兵力，共计 5 万～6 万名男性士兵。

在公元前 54 年第五场战役中，有 8 个半军团，后来因人员伤亡减少到 7 个兵团，以及 2 万的辅助兵力，共计 5 万～6 万名男性士兵。

在公元前 53 年第六场战役中，有 10 个军团以及 2 万的辅助兵力，共计 6 万～7 万名男性士兵。

在公元前 52 年第七场战役中，有 11 个军团以及大约 2.5 万～3 万的辅助兵力，共计近 7 万名男性士兵。

恺撒在高卢战争期间并没有组建海军，但在必要时，他建造了船只。他的老兵军团既能够在陆地作战，也能在海上作战。

罗马战舰的长是宽的七八倍，与运输船有明显区别，后者的长与宽的比例就小多了。战舰的前部装有一个强大的喙，常常凭借喙嘴戳穿敌人战舰，使其沉没。虽然船上有帆，但它们主要靠船桨驱动。船上载有常用的战斗武器，装配有钩敌人船只的挠钩，有时船甲板上还建有塔楼。战舰最重要的种类是有三排桨的三列战舰和有五排桨的五列战舰。

图书在版编目（CIP）数据

内战记/（古罗马）盖乌斯·尤利乌斯·恺撒著；
李艳译. --北京：中信出版社，2019.2
ISBN 978-7-5086-9872-4

I.①内… II.①盖… ②李… III.①国内战争—史
料—古罗马—前49-前48 IV.①K126

中国版本图书馆CIP数据核字（2018）第281306号

内战记

著　者：[古罗马]盖乌斯·尤利乌斯·恺撒
译　者：李艳
出版发行：中信出版集团股份有限公司
　　　　　（北京市朝阳区惠新东街甲4号富盛大厦2座　邮编　100029）
承印者：北京盛通印刷股份有限公司

开　本：880mm×1230mm　1/32　　印　张：5.75　　字　数：160千字
版　次：2019年2月第1版　　　　印　次：2019年2月第1次印刷
广告经营许可证：京朝工商广字第8087号
书　号：ISBN 978-7-5086-9872-4
定　价：58.00元

版权所有·侵权必究
如有印刷、装订问题，本公司负责调换。
服务热线：400-600-8099
投稿邮箱：author@citicpub.com